ドクターと教室をつなぐ医教連携の効果　第3巻

# 発達障害の子どもたちを支える医教連携の「チーム学校」「症例別」実践指導

宮尾益知　監修
向山洋一　企画
谷　和樹　編集

学芸を未来に伝える
学芸みらい社
GAKUGEI MIRAISHA

# まえがき

本書は、早くから「発達障害」の子どもへの対応を研究し、全国各地でドクターたちと長く研究会を続けてきたＴＯＳＳのメンバーが、その時々の事例報告から学び、自分の教室で実践し、効果を検証した報告の第三巻である。

既刊の一・二巻と異なり、第三巻は二部構成をとっている。第一部では症例ごとの対策と指導法を、第二部では発達障害の子どもたちを「システム」で支える取り組みを紹介する。

（一）

学校の教師のほとんどの人が、「ＡＤＨＤ」「アスペルガー」という言葉を知らなかったときから、教育研究団体のなかで、いち早く発達障害の子どもの課題に取り組み、セミナー、雑誌、出版をしてきたのがＴＯＳＳである。

子どものなかには、発達の凸凹を持った子どもたちがいて、そのことを理解して教育すれば立派な成果をあげていくのに、「叱ったり」「怒鳴ったり」「無視したり」していくと子どもの人格そのもの、子どもの人生そのものをこわしてしまうのである。

社会人として自立できない、就職できない人の原因の多くは、小、中、高の教師の無知にあるのである。その意味で、勉強しない多くの教師は、犯罪者であると私は思う。

子どもの未来を奪っているからである。

駄目な教師は、「叱ってばかりいる」「きつく叱る」「怒鳴り散らす」「体罰をする」「無視する」教師である。

こうしたことをする教師の多くは、子どもの未来をこわしてしまっている。

教師が子どもの未来を真剣に考えるなら、発達障害の子どもをきちんと理解すべきである。対応の方法を身につけるべきである。

それは、「教えて」「褒める」ことによって「やればできる」という自己肯定感、セルフエスティームを育てることである。

それに尽きると言ってよい。

（二）

第一に、発達障害の子どもたちのなかには「選択的注意」ができない子がいる。教室の前面掲示が多いとそちらに注意が分散してしまう。教師の声と水槽のポンプの音が同じ音量で耳に入ってきてしまう。分かっていれば対応は簡単だ。情報をできるだけ減らせばよい。前面掲示は少なくする。水槽のポンプは切る。

第二に、「一般化・概念化」できない子もいる。「遠足の作文を書きなさい」と言われても書くことができない。バスに乗った、アスレチックのロープにぶらさがった、お弁当を食べた……たくさんあった出来事のうち、どれが遠足なのかが分からないからだ。これも教師が理解していれば対応できる。昨日の出来事をいろいろとお話させて「そのなかで一番ドキドキワクワクしたところから書きはじめてごらん」のように指示すればいい。

第三に、微細運動に障害を持っている子もいる。両手に軍手を二枚ずつ重ねてつけている状態だと思えばよい。とても不器用である。算数セットのブロックを数えるのも難しい。並べようと思ってもバラバラになってしまう。対策は簡単だ。ブロックを使わせなければ解決する。百玉ソロバンのように、操作しやすい教具に変えるだけで、どの子もたくさん練習できる。

（三）

ところが、分かっていない教師、勉強していない教師には、この簡単な対応ができない。その子たちが単にやる気がないように見えてしまう。「ちゃんとしなさい！」と叱りつけることになる。

叱られるのはいつも同じ子だ。毎日のように自己肯定感を砕かれ、情緒は不安定になる。いずれ高学年になれば「やってらんねーよ！」と教師の言うことを聞かなくなる。子どもの責任ではない。教師の不適切な対応が招いた二次障害だ。

できないことを叱っても意味がないのである。その子ができるだけやりやすい状態をつくってやるのが教師の仕事である。

不要な情報をできるだけ減らす。具体的にイメージできるような指示をする。その指示は端的に、短く、一時一事にする。適切な教具を使う。書けない子には赤えんぴつで薄く書いてなぞらせる。こういった一つ一つの指導法の工夫こそが大切だ。

叱るのではない。やり方を「教えて、褒める」のである。

（四）

私たちは一五年以上も前から、発達障害についての知識を全国の優れた医師たちから学んできた。それに対応するための教育技術を研究し、教材・教具も開発し、共有してきた。発達障害という概念がまだほとんどなかった頃からである。

ドクターとの学習会は全国各地で今でも続いている。東京、大阪、埼玉、鳥取、茨城、愛媛、熊本、島根、長野……いずれも定期的に実施されている。

会の持ち方は様々だ。最新の医学会で報告されている成果のレクチャーもある。教師が教室での事例を報告し、ドクターが医療の観点から知見を述べることもある。TOSSが開発した教材の効果を検討することもある。

いずれも共通していることは、発達障害の子どもたちに関わっている優れたドクターたちが、口をそろえてTOSSの指導法や教材教具を絶賛することである。

個々の具体的な問題についても学習する。

例えば埼玉の平岩幹男ドクターからは、乳幼児検診と就学時検診の問題について学んできた。日本には一歳半検診と三歳児検診という世界に例をみない優れた検診システムがある。そこには子どもと保護者と医師の三者が揃っている。ところがこの貴重な検診の情報が、学校の就学時検診とつながっていないのだ。これを有効に機能させるため、国会議員や大阪大学の和久田学博士とも研究会を行っている。

発達障害の子どもたちばかりを集め、全員を自立させている翔和学園でも、ドクターとの連携は欠かせないという。本書でアドバイスいただいている東京の宮尾益知ドクターは、その翔和学園に長く関わり、多くの子どもたちを変化させてきた、発達障害の子どもたちに対する治療で日本屈指の医師である。感覚統合、視知覚認知、ブレインジム、TFTなど、発達障害の子どもたちに対する多くの指導オプションも教えていただいた。

ドクターたちと長く研究会を続けてきたメンバーの活動はさらに広がりを見せ、質を高めている。全国の教室でも多くの共通項があることだろう。子どもたちに真剣に向き合っている多くの教師たちのお役に立つことと思う。

日本教育技術学会会長・TOSS代表　**向山洋一**

# はじめに

## 一　本書の構成

本シリーズの第1巻と第2巻はおかげさまでたくさんの皆様から好評をいただきました。

この第3巻では、新たな症例への対応を豊富に含めたことはもちろん、大好評だった既刊から特に重要で汎用性が高いと思われる症例も採録しました。

そして本編を二部構成にしました。

### 第一部は「症例別の対策と指導」

ＡＤＨＤ、ＡＳＤ、ＬＤの事例を取り上げました。

### 第二部は「システムのつくり方」

発達障害の子ども達に大切な「枠組み」を取り上げました。検診の枠組み、生活の枠組み、医教連携の枠組み、そして指導の原則です。

結果として、大変密度の濃い、現場での事例に応用していただきやすい内容になりました。

発達障害の子ども達への対応は、簡単ではありません。子ども達と向き合っている教師は、日々、格闘を続けています。自閉症スペクトラムという名称が語っている通り、一人一人の症例は全部異なります。しかし、すべての対応がバラバラで関連がないというわけではありません。そこには一定の法則性も存在します。

まず受け止めて共感する。どうしたらうまくいくか、選択肢を与えてみる。常に励まし続ける……。本書にも登場するドクターのこうしたアドバイスには、多くの症例で同じようにできる部分もあるのです。

## 二　合理的配慮

障害者差別解消法が施行されました。

学校等では、障害者の年齢や障害の状態に応じて、社会的な障壁を取り除くために、必要かつ合理的な配慮をしなければなりません。

合理的配慮の例には次のようなものがあります。

**①施設・設備の整備**
**②意思疎通への配慮**
**③適切な教材・教具**
**④ルール・慣行の変更**

こうした一つひとつの配慮は、単に個別の教員の思いつきで実行されるのではありません。その配慮が学校にとっての過度な負担になってしまい、別のデメリットが生じることもあります。教員と医師などの専門家が連携し、適切な支援を考えることが必要です。本書はその一つのヒントになるでしょう。

## 三　チーム学校

文科省の中教審では「『チーム学校』の実現」が謳われました。これからの時代の教員に求められる資質・能力の一つとして、「多様な専門性を持つ人材と効果的に連携・分担し、組織的・協働的に諸課題の解決に取り組む力」が挙げられているのです。

この医教連携の取り組みは、まさに「チーム学校」の先駆け的な、また典型的な事例として、全国の先生方の参考にしていただけるものと確信しています。

谷　和樹

目次

## 第3章 学習障害（書字障害）・広汎性発達障害児童を指導する 79

## 第7章　医師との出会いが子どもを変容させる　165

## 第8章　指導の原則を身につけ、授業力を上げることで子どもが変わる

# 第 I 部

# 症例別に対策を練り、指導する

# 第1章

# ＡＤＨＤ児を指導する

# 注意欠如傾向で徘徊する子どもの対応

## 医療につなげることで正確な診断がされ、子どもが変化した

大阪府公立小学校　前田晶子

## 1　子どもの状態

### (1) 整理整頓が苦手で忘れ物が多い

A君は五年生になる男児だ。整理整頓が苦手で、常に探し物をしている。山もりの荷物の中から、必要な物を探すのにかなり時間をとり、探し物をするたびに物が散乱する。時々、机の中を整理して物を持ち帰らせるが、家で出すのを忘れてランドセルの中がまた物でいっぱいになる。ランドセルの底はお便りが団子状態で詰まっており、上から物をぎゅうぎゅう押し込んでランドセルのふたをやっとしめて持ち帰っている。その結果、提出物の宿題も、「忘れました」と言って、当日、持ってくるのを忘れることが多い。しかし、本当に入れ忘れたのか、どこに入っているのか探せないのか、どちらか分からない。

### (2) 取りかかりが遅く、気が散りやすい

物が揃っているときも、指示に対する取りかかりが遅く、また気が散りやすいため、いつも一つか二つ前の学習で手いっぱいになってしまい、学習を常に追いかけている状態である。授業のなかでできなかった課題を、残してさせようとしても、ほかの子どもがいると気になって集中できない。しかし、一人になると居残り勉強やテ

ストは集中してできることがある。時計を見て、「やばい、もう練習の時間や」とはかどることがある。

性格は明るく、男女ともによく話をして人気がある。小柄だが、体力があり足も速く、スポーツ全般が得意で遊ぶ友達も多い。給食時、よく口が動きおしゃべりを楽しむため、給食を食べたり自分の用意をしたりするのが、一番遅くなる。

### (3) 学習状況

- ノートの字は家で厳しく言われるので、丁寧に書こうとする。あせって書くとバラバラの字になる。
- 筆圧は強く、ゆっくり書くので、ノートを書くのに時間がかかる。
- 成績は下の上。
- 時間内（三〇分、二枚程度）にテストはできないが、じっくり考えて書く。
- 理科が好きで、成績は中の上。
- 提出物は、一つ一つ確認しないと、出さなくなる。
- ノート忘れがひどいため、社会のノートも理科のノートも同じノートになっている。

### (4) 気になる行動

自分から友達にちょっかいをかけていたのに、相手がやり返したり、周りからはやし立てられたりすると、相手が泣くまで責めることを止めないしつこさがある。例えば、A君が人の顔に向けて輪ゴムを飛ばす真似をしたことがあった。実際には、机に当てていたようだが、輪ゴムを拾った子どもが捨てた。それを見ていた周りの子どもが「いいぞ、いいぞ」と喜ぶと、輪ゴムを捨てた子どもではなく、はやしたてた子どもにヘッドロックをかけた。何人かが止めようと間に入ろうとしても、足で蹴っても、ヘッドロックをやめない。やられた子どもが本気で泣き出すまで手を緩めなかった。カッとしたときに、過激な行動に出ることがあった。

### (5) 子どもの行動に対する母親の話

自分の小さい頃も、忘れ物が多かったりボーっとしていたりと、息子と同じだった。自分の母からは、そのことでよく叱られた。そんなものだと思っていた。大人になって、手帳に書き込んだり、忘れることがないように色々自分で工夫したりして気をつけるようになった。だから、何度叱られても同じことを繰り返す息子がとても歯がゆいし、どうにかしたいと思っている。どこか悪いところがあるのかと思うこともある。大丈夫だろうか。

## 2 母の暴力行為

七月、頬の一部に青タン、耳全体も青くなり、一部、耳たぶが切れていた。担任には事情を詳しく話せなかったが、周りの子どもの質問には答えていたので、母親から叱られたということが分かった。

「どうして叱られたの？」

「僕が、忘れ物をしたり、ちゃんとできなかったりしたから、お母さんに怒られた」

「耳を引っ張られて、お風呂場の壁にギューと押しつけられた」

どのように聞いても、自分が悪いからと答える。

治療していない傷だったので、保健室に行くように言っても、自分から行こうとしない。引きずるようにして保健室に連れて行き、手当をしてもらった。

その後、保護者に連絡。その日に担任、管理職と面談した。

保護者は、「疲れていた。日頃の子どものだらし無さに、ついカッとなってやってしまった」とものすごく反省していた。しばらく注意しながら様子を見ようということが、学校の方針だった。

それから数ヶ月、様子を見ていたが、その後、傷もなく、遅刻寸前登校もなくなった。学校は一過性の暴力と判断し、児童相談所に通報しなかった。

## 3　子どもの行動

### (1) 夜中の徘徊事件（一二月）

「一二時過ぎに、パジャマで裸足の子どもがいる」と、家から八キロ離れた警察に通報があり、保護される。翌日の朝、母親から欠席連絡と相談があるから、面談してほしいとの希望を伝えられた。警察からも、朝、保護したときの様子を連絡してきた。「体に傷もなく、暴力的なことはなかったので、その日はそのまま、自宅に送っていった」とのことだった。そのときに、母親は七月の耳切れ事件の話もしたそうだ。

### (2) どうして家を出たか

子どもは、母親の扇子を踏んで、折ってしまった（実際にはそんな事実はなく、子どもの夢想）。母親に怒られると思い、逃げようと思った。しかし、実際、逃げている自分に気がついたのは、自宅から一キロ先の郵便局の前である。なぜ自分が裸足でパジャマ姿なのか、もしかしたらこれは夢なのかと、その場では半信半疑であった。しかし母親が警察に通報したことで、自分は警察に追われているのではないかという思いがあり、ひたすら逃げた。後ろから自分を追ってくるパトカーのサイレンを聞いたという（幻聴）。

そのうち、自転車に乗ったおまわりさんに出会って、ココアを買ってもらった。警察に行き、パトカーで家まで送ってもらった。

その日は、夜寝るときから頭がガンガン痛くて、寝る前も逃げているときも頭が痛くて吐きそうだったという。夕刻、学校で居残りをさせたときも、頭が痛いと言っていた。

### （3）母親の話

その夜、自分は風邪をひいて調子が悪く、一〇時頃に眠った。同じ頃、子どもも寝たと思っていた。父親は、夜勤で家にいなかった。いつもなら、子どもの気配を感じたらすぐ起きるのに、その日は全然、気がつかなかった。鍵があいていたのは、息子がまた閉め忘れたのだと思ったという。警察から連絡があるまで、子どもが家を抜け出していたことに気がついていなかった。

子どもが、パトカーの音を聞いたり、警察に追われたり、と言ったことに対しては、「小さいときに、子どもが言うことを聞かなかったとき、『警察を呼ぶよ』とよく言っていたので、警察に追われると信じていたのかも」と話した。

## 4　安原昭博ドクターのアドバイス

この子は、ADHDだけれど、てんかんの検査をする必要がある。てんかんの可能性もあり、ADHDの特性の可能性もある。検査しないと分からない。家を抜け出したことを覚えていないというのは、そのときにてんかんの発作が起こっていた可能性がある。てんかんの発作はときに、意識障害を伴う。家を飛び出した自分の行動を覚えていないということもある。早急に治療する必要がある。治る時期というものがあり、一四歳までに手を打って治さないといけない。治療法としては、薬を使わないと治らない。薬物療法しかない。

お母さんが、「大丈夫だろうか？」と心配していることもあり、親に話をして医療とつないでほしい。親の了解が得られたら、連絡をいただければと思う。私が診なくてはいけないだろうなと思って話を聞いていた。

この症例は虐待によるものではない。虐待とは、継続的に何回も起こるもので、一回きりの体罰は虐待とは言わない。お母さんもおそらく、ＡＤＨＤだ。だから、切れる。でも、お母さんの愛情の殴りだから、子どもはそこまでストレスを感じてはいない。それは問題にはならない。

## 5　アドバイスを受けて

驚いた。子どもの深夜の徘徊は、私の知らないところで繰り返される虐待が元で、子どもの心が壊れてきているのではないかと思っていたからだ。

そのために不安を感じて、ドクターとの勉強会に参加させてもらった。ところが、受けたアドバイスは、「虐待ではなく、てんかんの症状である」であった。ＡＤＨＤの症状の子どもにはてんかんを伴うものがいるという。自分の知っているてんかんの症状は、ある日突然、ばたっと倒れ、痙攣発作が起こり、しばらくして元に戻り、何があったか覚えていないというものだ。Ａ君の場合の発作は、倒れはしないが、脳の中で発作が起こり、意識障害を起こしているというものだ。意識を失っているのだ。だから、夜に徘徊してもそのことを覚えていない。

「普通に授業を受けているように見えて、目は開いているが、意識がとんでいることがある」というドクターの話にはっとした。Ａ君がよく、ボーっとしている場面を思い出した。あらぬ方を向いて、本当にボーっとしているのだ。声をかけると、やっと戻ってくる。それが軽い発作とするなら、彼はいくたびも発作を起こしている。薬で発作がなくなるなら、彼のＡＤＨＤの症状が軽くなるということも期待したい。

お母さんの暴力行為についても、虐待ではないという言葉に救われた。

「一刻も早く治療を受けさせなさい」というドクターの申し入れに感謝している。ドクターに意見をいただくことがなかったら、私は自分の誤った見方を正すこともなく、児童相談所にお任せすることになったかもしれない。

A君の症状を相談することで、安原ドクターの治療を受けることになった。

今回ほど、医療との連携の大切さを強く感じたことはなかった。身をもって知った。

## 6 アドバイスを受けての現場での教師の取り組み

アドバイスを受けて、次のように行った。

**1 保護者に連絡する。**
**2 管理職に伝える。**
**3 校内の特別支援委員会に伝える。**

家への連絡ということで、さっそく保護者と話をした。

「春休みになったら、どこか病院を探そうと思っていたところです」

「実は、子どもの発達専門のお医者様がいて、A君のことが気になって相談させてもらったのです。なかなか予約が取りにくい先生です。その先生が、すぐに診てくださるということなのですが、どうされますか」

「本当にありがたいです。ぜひお願いします」

お母さんの了解が取れたのち、管理職に話した。今回の徘徊事件は、事例報告が警察から児童相談所にいき、相談所からの連絡を待っていた時期だった。やっと連絡が来たのは、A君が一回目の診察を受けた後だった。検査の結果、A君はてんかんではなく、睡眠障害だと分かった。

現在、学年が上がり、A君はドクターのもとに通い、治療を受けている。今回のことがなければ、受診することもなく、治療を受けることもなかっただろう。新しい学年、新しい担任にしっかり今回のいきさつを話し、A君の今後の変化を見ていこうと思っている。また、特別支援委員会を通して医療連携の大切さを校内に広めていこうと考えている。

## 7　子どもの変化

子どものADHDの症状について、一冊のノートを教科に関係なくあちこち使うという、私のマイナスの評価も、ドクターの説明によると変わってくる。

**このような子は、いっぱいノートを持っていると分かりにくくなる。書くだけ書いたら、もう終わり。彼はノートを見返す必要なんて感じていないから。**

なるほど、モノの整理・整頓が苦手なA君にとって、ノートは一冊で良かったのかもしれない。あちこち書くこともよいとしたら、ノートがないということで叱ったりせずにすんだのだと、気づかされた。

**彼のおしゃべりは、すごく大事。自分の存在を主張している。友達が笑ってくれたらうれしい。おしゃべりを認めてあげよう。いい子です。ADHDは世の中を変えていくんだよ。**

母親にも、「子どもの気になるところはあるけれど、実は彼はすごい人になるかもしれない。少々のことではへこたれない気持ちや、友達が大好きであることなど、彼のいいところをいっぱい見つけていきましょう」と伝えた。その後、友達への度を越した反応も見られなくなり、彼はのびのびと過ごしている。

学年末、保護者から感謝の電話をいただいた。「来年も引き続き担任してもらいたい。今年は本当に良かったです」

自分の狭い経験や知識によるのではなく、広く専門家の意見を求めること、また、仲間と真剣に子どもの将来を思い、色々なケースを学んでいくことの大切さを痛感した。

**ドクター（安原昭博氏）のコメント**

二月の寒い夜に、裸足で外へ出て行き、八キロ離れたところで発見されたという事件ですが、検査をしてみると睡眠覚醒障害があるということが分かりました。

このようなケースで大切なことは、きちんと診断をしてあげるということです。そして、ADHDや睡眠覚醒障害を正しくサポートするということです。親や教師など、その子に関わる大人が、子どもを肯定的に見て、支えてあげることが大切です。

ADHDの子どもの親に共通することは、親自身が焦ってしまうということです。「歯も磨かないんです」「お風呂に入っても髪も洗わないんです」「宿題しなさいと言っても、後でするると言って、結局宿題をしないんです」等と相談されます。ADHDの子どもさんにはよく見られるケースです。

今まで見てきた事例では、三〇歳頃には自力でできるようになっているケースが多いです。その子に関わる周りの大人が長い目で見守ってあげましょう。

**監修者のコメント**

教師の視点と医師の視点・見方が違っていることが、子どもを良くするためのポイントです。どの情報が意味があるのか、よく聞いておきましょう。

# ＡＤＨＤ傾向で遅刻が多く書くことが苦手な子どもへの対応

## ドクターのアドバイスからA君の行動の原因を探り、褒める機会が増えたことで子どもに変化が現れた

大阪府公立小学校　原田みどり

## 1　子どもの状態

Ａ君（前節のＡ君とは別の児童）。四年生、男子。ＡＤＨＤ傾向。Ａ君の気になる特徴と、私のとったＡ君への対応について四点挙げる。

**①学校には二、三分ほど遅刻してくることが、週二、三回程度ある。**

Ａ君の家は校区の端にある。そのため、登校に時間がかかる。早めに家を出たとしても、遅刻をしてしまうことがあった。そこで、彼と約束をすることにした。しかし何を提案しても、「朝はどうしても起きられない」と言う。朝早く起きたとしても、準備に時間がかかってしまうのだ。色々アドバイスをしても、「○○が気になってできない」「家が遠いので歩くのに時間がかかる」とすべてに理由をつけて、一向に改善しない。そこで朝礼

のある月曜日だけでも時間に間に合うように来てみよう、と提案した。しかし、家が遠いので歩くのに時間がかかるという理由で、結局、何も約束できなかった。遅れたときに対症療法でいくしかなくなってしまった。遅れるたびに、「次は遅れない」と約束をするようにはなったが、二、三日後にはまた遅刻をしてしまう。その繰り返しである。しかし、遠足や社会見学など、非日常のことで、かつ、本人が楽しみにしている行事で朝早く集合しなくてはいけないときは、絶対に遅刻をしない。

### ②日記が書けない。

週二回ほど、日記の宿題を出していた。宿題を出したとき、毎回、「書くことがない」と言って、日記の宿題だけ提出しないことが多い。そこで、日記は学校で書かせるようにした。彼にとって、よほどのことがない限り、家で書いてくることはないからだ。

### ③読書感想文が書けない。

A君が作文のなかで最も苦手だと言っているのが、読書感想文である。読書感想文を書こうとしても、本の内容を忘れてしまって何も書けないと言う。そこで、自分の心に残ったところが目立つように手元に付箋を置いて読ませた。しかし、本に集中するあまり、付箋を貼るのを忘れていた。そこで、「もう一回、読んでみようか」と声をかけると「うん、分かった」と言うのだが、「先生！　また忘れていました」と、また付箋を貼り忘れてしまったのである。もう一度同じことを繰り返したが、とうとう付箋を貼ることはなかった。同じことを何回もしているのに、本を読むことに関しては、まったく抵抗なく読んでいた。それどころか、本に一度集中したら、ずっと集中しっぱなしであった。

**④文字が殴り書きのようになる。**

ノートのマスは一マス一文字、行もゆったり空けて書けてはいるが、文字が限りなく雑である。マスからもはみ出ている。授業にはよく参加をして色々な発言をするが、その間、ノートをまったくとらず、はっと気づいてあわてて板書を写すということがよくあった。

## 2　安原昭博ドクターのアドバイス

**①自分にとって価値のあることだと分かると、遅れなくなる。**

自分に関係のないことには興味を示さない。自分にとって価値があることが伴わないと動かない。A君は二〜三分経ってから行動し始めることが多い。「二〜三分遅れてもいいや」と、無意識的に判断しているからだ。よって自分ではなぜ遅刻してしまうのかが分かっていない。この「二、三分だけ、ちょっと遅れる」というのが彼らの特徴である。

**②日記は、担任と話した後にその場で書く。**

日記を書く意味を教える。安原昭博ドクターは、文章にはどんな文にも起承転結があることを知ってから、書けるようになったそうだ。一行日記にして、書くテーマを決めてあげる。担任と話した後に、その場で書く。話していると きに、アドバイスやガイドラインを教えると書けるようになってくる。その場で書かないと忘れてしまう。

### ③読書感想文は書かなくていい。

ワーキングメモリーの負担が大きい。本を読んでも一ページごとに忘れていくので、書けない。一時記憶がない。読書感想文のフォーマットがあると、書けることがある。黒板に何かの絵を貼って、その絵を見て想像して書く、ストーリーの絵を描いて、判断していくなどをすると書けるかもしれない。

### ④文字は薬（コンサータ）で丁寧に書けるようになる。

文字を書くことは、姿勢の保持や視覚の空間認知など、体のさまざまな器官を使うので、彼らにとって大変な作業なのである。コンサータの服用により、これらの緩和につながり、丁寧な文字が書けるようになる。

以上、特に今、直したい四点について、アドバイスをいただいた。

## 3　アドバイスを受けての現場での教師の取り組み

### ①朝学習の時間の使い方を変える。

A君がどうして遅刻をしてしまうのかが分からなければ、彼が遅刻をするたびにイライラしてしまっていただろう。しかし、授業前の朝学習の時間の使い方が甘かったことがよく分かった。私は、朝学習の時間をA君にとって価値のあることをするように変えた。それまで読書が大半だった朝学習に、毎回、違うことを行うようにした。例えば、その時間内にすれば終わる課題をさせ、終わらなければ放課後や休憩時間を利用しなくてはならないようにした。また、A君が大好きな図工の続きをこの時間に組み入れるようにした。その結果、時々、始業二〇分前に来ることができるようになり、遅刻回数は減ってきた。

## ②日記を書く前にテーマについて会話をする。

A君が日記を書くときは、必ず会話をするようにしている。日記を書くときは、何を書いたらいいか分からないと言うので、会話をして、四、五行書くことを繰り返した。すると、だんだん書けるようになってきた。次のようなやりとりである。

T「昨日、何したの」
A「何も」
T「何して遊んだ?」
A「何もしてない」
T「家に帰ってから何してた?」
A「妹と遊んだ」
T「おっ、妹と何して遊んだん?」
A「テレビ見てた。で、喧嘩になった」

T「そう、そういうことを書いたらいいやん。はい、『妹とテレビを見ました』って書いて」

A「……先生！　二行で終わってしまいました！」

T「じゃ、次、何したの？」

A「何も」

T「妹と喧嘩して、その後どうしたの？」

A「妹が泣いて、お母さんに怒られた」

T「じゃ、書いて、『妹が泣いてお母さんに怒られました』。書いた？」

A「結局、おれが怒られんねんなあ……」（と言いながら書く）

T「なんで妹、泣いたん？」

A「おれがたたいたから」

T「そら、怒られるわ」

A「あ、そっか（笑）」

A君との会話はこの後も続いた。毎回会話をすることで、コミュニケーションをとることができ、彼の生活の様子も見ることができた。A君との距離がさらに縮まった気がする。

このように、日記を書きあげるまでには時間がかかる。また、日記を家で書いてきて内容が良かったときは、「金賞」と評定をしたら、ずっと喜んでみんなに大声で自慢していた。それでも、「今日は書くことがありません……」というような内容のときもある。どんな内容であれ、コメントでは必ず褒めた。

## ③読書感想文を書く機会をなくした。

安原ドクターの「書かなくてもいい」というアドバイスに救われた。どの学校へ行っても読書感想文があったので、書かせなくてはいけないものだと思い込んでいたからだ。しかし、ワーキングメモリーの少ないA君にとって、読書感想文ほど苦痛なことはなかったのである。それ以来、読書感想文を書かせることをやめた。国語の教科書の物語文程度の長さであれば、読んで感想を書くことができる。感想と言っても、ほんの二〜三行である。それでも書けたことに対して花丸をし、肯定的なコメントをし続けた。

### ④丁寧に書いたノートに「A」の評定をつけた。

安原ドクターのアドバイスにより、字を書くことが彼らにとって苦痛だと分かった。A君が丁寧に書いてきたノートには、しっかりと「A」の評定をした。文字が雑なときは言わないように、丁寧に書いているときだけ褒めた。評定をすることによって、丁寧に書く頻度は多くなった。次の日、わざわざ言いに来ることもよくあった。

A「先生！　丁寧に書きました！」
T「お！　すごいやんか。これならAAかも⁉」
A「やったー、AAや！」

と、一日中喜んでいたこともあった。

## 4　子どもの変化

あれだけ遅刻をしていたA君であったが、朝、私が教室へ行くとすでに登校していることがあった。A君がこんなに早く登校したことは、行事以外で今までにはなかったことだ。

**A君に笑顔が増えた。明るくなった。私との会話を楽しむようになった。**

A君がなぜこのような行動をしてしまうのかが分かったことにより、私自身の考え方が変わった。今までA君の行動にイライラさせられていたが、イライラがなくなり褒める場面が増えた。自分の気持ちに余裕ができ、子どもへの対応もおだやかにできるようになった。褒められることでA君も楽になっていったと思われる。A君の苦手な国語の時間には、考えを一行でも書いていたら花丸をした。A君は、評定をされると次回の授業の板書もすぐに写すようになった。A君の漢字ノートの文字が丁寧であることが多くなったことも、「褒める」ことにつながっているのだろう。安原ドクターから学び、私が変わった。「褒める」機会が多くなったことにより、子どもも変わった。それによってよい循環ができたと思われる。

**ドクター（安原昭博氏）のコメント**

この事例の場合、ＡＤＨＤの子どもたちの脳の構造の問題が関係しています。ＡＤＨＤの子どもは時間にルーズな子どもが多いですが、これは、頭の中で考えている五分、一〇分が他の子どもよりも少し長いのです。研究で明らかになっていることです。また、自分自身が先に行って待つということがとても苦手です。だから、少し遅れていくようになります。

学校の先生方は、時間通りに授業を開始し、終了させてください。そうするとＡＤＨＤの子どもも時間に間に合って行くようになる可能性があります。

読書感想文が書けないという場合は、ＬＤを合併している可能性が考えられます。読みが苦手な場合は、読書感想文は書かさないということが一番正解なのです。しかし、どうしても書かせなければいけない時は、先人の読書感想文をインターネットなどで調べて視写をさせてください。良文を写すことで

「感想文ってこうやって書くのか」と学習することができます。

**監修者のコメント**

時間概念もＡＤＨＤの子どもたちはうまくつくれません。どのくらいのことを入れればよいか、分からないのです。パターン化がポイントです。

# 一〇〇名の軽度発達障害の生徒が通う翔和学園での実践

## 暴言・暴力が止まらなかったK君が変わるまで

NPO法人翔和学園　柏田良男

### 1　暴言・暴力の止まらなかったK君

「うるせえんだよ！　ふざけんじゃねえ」

毎日、K君の声が教室に響いていた。小学校六年生のK君。彼は、やりたいことがあるとき、周りで余計な音を出している人がいると我慢できなかった。叫ぶだけならいいのだが、K君は余計な音を出している生徒を殴りに行った。

では、K君は静かなのかといえば、そうではない。授業中も自分の言いたいことをしゃべる。「やりたくねえ」「ああ、つまんねえ。つまんねえ」と、ずっとしゃべり続けている。それをだれかが注意しようものなら、「ふざけんじゃねえ」と言って、注意した生徒を殴りに行った。

「自分がやられたら嫌でしょう。相手の気持ちを考えなさい」と言いたくなるが、それが当時の彼にはなかなか伝わらなかった。K君はアスペルガー症候群。他者の視点に立って考えるということを著しく苦手としていた。

また、彼はADHDも持っていた。特に衝動性が高い。まさに瞬間湯沸かし器のようである。何か嫌なことがあるとまったく我慢することができなかった。目を吊り上げてすぐに暴力を振るった。

否定的な言葉をかけられることも非常に苦手だった。調理実習で班でカレーをつくったとき、K君は人参を切っていた。手先が不器用だった彼は、なかなかきれいに切ることができなかった。かなり大きめのざく切り人参ができあがっていった。

それを見たクラスメイトが、「K君。もう少し小さめに切ってよ」と声をかけた。次の瞬間、K君は包丁を持ったまま大声を出した。「うるせえんだよ」と叫び、今にも暴れそうになった。私は、包丁を持つ彼の手を必死で押さえ、笑顔で「まず包丁を置きなさい」と伝え続けた。何とか彼に包丁を置かせ、別室に連れて行ったが、興奮して大暴れする彼を調理実習に戻すことはできなかった。

K君は分からないことがあるときにも、大暴れした。授業中、教師の話が長いと、彼は何を言われているのか分からなくなってしまう。そういうときは、ノートや文房具を教師の方に投げつけてきた。それから机や椅子を蹴り倒し、教師に向かって殴りかかってきた。算数の問題を解いているときも、分からない問題があると急に興奮し、机や椅子を蹴り倒した。

彼が興奮して暴力を振るい出すと、なかなか収まらない。男性教員が上に馬乗りになって彼を押さえるしかなかった。三〇分以内で収まることはほとんどなく、数時間にわたって暴れ続ける彼を教員が押さえ続ける、ということも稀ではなかった。毎日毎日、彼は暴れた。彼に殴られ続けながら、「落ち着いたら離します」と笑顔で言い続けた。

次第に「家の子が学校に行きたくないと言っています」という連絡を複数もらうようになった。周りの生徒たちも、K君の暴力・暴言に参っていたのである。私はK君に構いすぎていた。大変なK君のことにばかり目が行ってしまい、クラスで一生懸命やっている子どもたちに目を向け、力をつけることがおろそかになっていた。

向山洋一氏は『授業の腕をあげる法則』の中で次のように言っている。

「まず全体に、大きな課題を与えよ。然る後に個別に指導せよ」

教師がK君への個別の対応に追われて、集団への対応がおろそかになったとき、集団は崩れていく。やんちゃな生徒は授業中に騒ぎ出すようになってしまった。一生懸命がんばっていた生徒は、学校に来たくないところまで来てしまった。学級が崩れていくのを感じたが、どうやって止めたらいいのか分からなかった。

だが、K君自身も苦しんでいた。「仲間に好かれたい」「みんなに尊敬されたい」という思いをK君は持っていた。しかし、彼は自分でも暴れるのをどう抑えていいのか分からなかった。

私は、毎月行っているTOSSと宮尾益知ドクターの研究会でK君の事例を報告した。すると宮尾ドクターは「私が見た方がいいかもしれない。予約を取ってください」と言ってくださった。

## 2　医療と教育の連携

「薬が合っていないね。大きく変えてみましょう」

宮尾ドクターはすぐに、薬の種類と量の変更をしてくださった。

「この状態で今までの量は少なすぎる。もう少し増やさないといけない」と言ってくださった。体力をつけるために漢方も処方してくださった。

宮尾ドクターのところに行った後、彼に変化が生じた。瞬間湯沸かし器のように一瞬で興奮していたK君だったが、イライラしたときにほんの数秒、我慢できるようになったのである。宮尾ドクターが興奮を抑える薬を処方してくれたおかげであった。今までは嫌なことがあると、その瞬間に机や椅子を蹴りあげていた。それが、嫌なことがあるとき、一生懸命こぶしを握り締め、体を震わせながら我慢するようになったのである。我慢できる時間は数秒。数秒したら興奮して物を蹴ったり、友達を殴りに行ったりしてしまう。しかし、私たちにとってその数秒間は宝物のようだった。

調子がいいとき、私はK君と約束した。

「もし、イライラしたら先生のところに来るんだよ。人を殴る前に来たら先生が助けてあげるからね」

もちろん、約束をしたからといって、すぐに教師のところに来るようにはならない。しかし、我慢する間ができたおかげで、彼が物を蹴りあげる前に教師が彼のところに行くことはできるようになった。実際には彼が来たのではなく、教師が彼のところに行っただけなのだが、「殴る前に先生のところに来られたね。よくがんばった。そうしたら先生が解決してあげるからね」と声をかけるようにした。

これを繰り返すうちに、彼は切れる前に教師のところに訴えに来られるようになっていった。大きな大きな前進だった。

教師のところに訴えに来ることができるようになったK君だが、当時の私はそれをうまく活用することができなかった。「授業中なのにしゃべっている奴がいてむかつく。ぶん殴ってくる」という彼に対して、「殴ったらダメですよ。先生が注意してきます」「ぶん殴ったら君が悪くなっちゃうでしょう。先生に任せておきなさい」などと答えていた。それで収まることもあったが、多くの場合は「いい。殴ってくる」と言って、暴力を振るおうとした。結果的に、彼を抑えてクールダウンするのを待つという状況になってしまった。

## 3　宮尾益知ドクターのアドバイス

次の宮尾ドクターの診察の際に、その現状を伝えた。宮尾ドクターは、「いいんだけれども、彼の気持ちをまず受けるということが足りないね」と言い、彼への対応に関して助言をくださった。

①辛いという彼の気持ちをまず認め、受け止めてやる。
②その上で、どうしたらうまくいくのか大人の体験を語ってやる。
③彼が得意なことは何か。集団のなかでそれが認められ褒められる場をつくる。
④体の調子が崩れているので、体を動かして発散する時間をつくる。

この助言をもらってから、私の彼への関わり方が変わった。彼が辛い思いをしているというのは事実である。ときに言い分が理不尽なように感じることもある。それでも、辛かったという気持ちを受け止めてあげるようにした。「授業中にしゃべっている人がいてむかついたんだな。それはそうだよ。先生だって一生懸命に会議をしているときにしゃべっている人がいたらイライラするよ」などと、まず第一に彼に共感してあげるようになった。すると、K君は驚くほど落ち着いて私の話を聞くようになった。

それから、どうしたらうまくいくのか、私の経験を伝えるようにした。例えば、「先生も音がうるさくて嫌なときがあるんだよ。そういうときは物を蹴りたくなっちゃったりもする。ただ、そこで蹴っちゃうとまずいから、先生はちょっと部屋を出て、トイレとか静かな所に行って休憩するな」というような言い方である。「〜しなさい」という言い方のときは頑として受け入れられなかったK君だが、「分かりました。やってみます」と答えることが多くなった。

K君の切れる回数は劇的に減った。彼の活躍の場も意図的につくった。K君は音楽が大好きで、ドラムがとても上手だった。K君を学校で行っていたギターサークルに入れて、ドラムを担当させた。一生懸命に練習し、学校のみんなの前で発表することもできた。彼はギターにも興味を持ち、練習を始めた。翔和学園で毎朝行っている歌の時間、生徒たちに楽器を持ってきていいことを伝えた。それまではCDを流して歌っていたのだが、教師と生徒の生演奏で歌うことにした。彼も、仲間と一緒にギターで参加できることが増えた。

体を動かす時間も意図的につくった。個別の予定で、筋トレをしたり、宮尾ドクターに紹介してもらったブレインジムを行ったりする時間をつくった。

一度切れると数時間は落ち着くことができなかったK君だが、切れた後、落ち着くまでの時間が徐々に短くなっていった。一時間で落ち着けるようになり、三〇分で落ち着けるようになり、とうとう数分で落ち着けるまでになった。

切れてしまった後、自分で反省もできるようになった。次はある日の彼の日記である。

今日の俺へ
「かなり荒れたよなあ。自分への暴力を何回もしたり、「学校をやめたいとか」「自分が怖いとか」自分に恐ふかんをもってたい変だった。T君に「どうやったら暴れなくなるのかなあ」と聞いても「努力するだけ」と言われるだけだった。そんな辛い今は、いつ終わるのだろう。早く終わってほしい。いつか必ず終わる。そう自分では信じている。
未来の俺へ
「暴力や暴言をなくすように、努力しよう。がんばれば、必ずできる。イライラしかけたら教室を出よう。努力は必ず成功する」

## 4　方針の変更

暴力・暴言の回数は減り、落ち着くまでの時間も短くなった。しかし、切れてしまうことはなくならなかった。

以前は一時間に数回切れて暴れていたのが、一日に数回切れるくらいになった状態だった。毎日の教師との格闘は続いていた。壁を蹴る、友達を殴ろうとするなどは毎日のように起きた。そして、反省して帰っていく毎日が続いた。この頃、K君に自傷行為が生じるようになった。反省できるようになったのはいいのだが、そのことで自分がうまくできないことに傷つくようになってしまった。

翔和学園校長の伊藤寛晃氏は、学校で指導している方針を変える必要があると判断した。

今まで、私は彼が切れないように、どのように落ち着かせたらいいのかばかりを気にしていた。しかし問題はそこにあるのではなかった。伊藤氏は彼の問題を「調子のいいときの対人関係のまずさ」にあると分析し、方針を立てた。

というのも、伊藤氏が教室に入って彼が切れる様子を分析したところ、ある傾向が見られたのである。実は、彼が切れるより先に教室で切れている人がいたのだ。それは教師だった。K君は、授業中も休み時間も、非常に自分勝手で乱暴な行動をとることが多い。それに対し、教師や仲間が明らかに不快な表情を示していたのである。敵対の表情だ。多くの場合、そこから状況が悪くなり、K君が切れるという状態が生まれていた。

まずは、切れてもなんでも「今のはまずい」「このようにしてみたらうまくいくよ」というのを教えていくことが必要であった。

そして、もう一つ問題だったのが、評価が掛け算になっていたことだ。掛け算はゼロを掛けると、掛けられる数がいくつでも答えはゼロになってしまう。K君はその状態だった。実際には切れる回数も時間も程度も激減していた。しかし、一回の失敗で彼の自己評価は、「今日も切れてしまった」「ダメだった」というものになってしまう。一回切れたことで、彼の自己評価がゼロになってしまうのである。周りの生徒も「またK君は切れているよ」とうんざりムードになってしまっていた。

がんばりが足し算のように積み重なっているのを彼に実感させなくてはいけない。そこで、「うまくいったカレンダー」というものを用意した。

一日の活動を細分化し、落ち着いて過ごせたら、その時間にシールを一枚貼る。このシールを一〇〇枚、五〇〇枚、一〇〇〇枚ためたときには、それぞれご褒美がもらえるようにした。K君はお家の人と相談し、一〇〇枚ためて好きな歌手のCDを買ってもらうことを目標に決めた。メモ欄も用意し、がんばったことや、うまくいかなかったとき、どうすれば良かったかなどをフィードバックできるようにした。

今までは一度失敗してしまうと、「今日も失敗してしまった」という評価だった。しかしこのカレンダーを使うことによって、切れてしまうことがあったとしても、貼れたシールを見せながら「これだけうまくいった」と褒めることができるようになった。

あるとき、一日の四割程度にシールが貼れた日があった。半分以上、切れてしまった日である。今までならうまくいかなかったと思って下校していた。しかし、伊藤氏は彼に「すごいじゃないか。野球で四割バッターって言ったら、イチローレベルだぞ。学習において、イチローくらいすごいってことじゃないか」と言って褒めていた。K君も「俺、イチローくらいかあ」と喜んでいた。

うまくいったカレンダー

シール100枚で
シール500枚で
シール1000枚で

平成 24 年　12 月　18 日

| | 予定 | シール | メモ |
|---|---|---|---|
| 1 | TFT・筋トレ・ルームランナー・バナナ・ヨーグルト | ● 224 | 柏田先生にルームランナーの使い方を教えてくれた。自分で機械を操作して、走ったり、歩いたりできた。筋トレは、ブレインジムも入れて行えた。 |
| 2 | 休　憩 | ● 225 | |
| 3 | 視知覚トレーニングから 作文スキル 10・チャレラン 10 漢 15 | ● 226 | 新しいチャレランにとりくめた。10分早く終る。残りの数十分は席で終わるのを待つ。集中力よし！ |
| 4 | 遊び（ギター） | | 「藤田に見られた、笑われた」といってキレてしまった。 |
| 5 | 数学 | ● 227 | スキル 8ページやりました。スゴイ！ |
| 6 | 休み時間 | ● 228 | |
| 7 | 国語（~~論理エンジン~~ 年賀状） | ● 229 | |
| 8 | 昼ごはん | ● 230 | |
| 9 | 体　育 着がえ | ● 231 | むずかしい事があっても、さいごまで、がんばって出来た。 |
| 10 | 帰りの準備 | ● 232 | |

※シールを貼ったら、通し番号を書き込む。

伊藤氏が絞り込んだ方針は、次の三点である。

**①調子のいいときの過ごし方を教えていく。**
**②エラーを少なくし、プラスのエピソードを積み重ねる。**
**③運動と特技の時間を意図的・計画的に確保する。**

エラーを少なくするために、お家と相談し、登校時間も限定させてもらった。基本は午前のみの登校。サークルや体育があるときは午後のみの登校とした。まずは限られた時間、丁度いい負荷のなかで成功体験を積ませることを優先した。また、個別のスペースを用意し、刺激の少ない環境で一日学習できるようにした。好きなギターの練習時間、運動の時間も時間割のなかにたっぷり組み込んだ。

そして、宮尾ドクターの診察の際、伊藤氏がつくった新しい方針を持っていった。宮尾ドクターは報告書をじっくりと読んでくださり、五〇分近く時間をとって診察してくださった。切れ方の現状、鬱のようになっている状態を伝えたところ、ドクターも新しい方針に賛同してくれた。宮尾ドクターは「この方針に合うように薬を変えましょう」と言い、薬の種類を大幅に変えてくれた。そして血液検査や脳波検査をしてくださった。血液検査の結果からは、食事の改善の方針が立った。脳波検査では、パニックに関する症状も探った。

その日、伊藤氏から校内のメーリングリストに次のようなメールが流れた。

「このように宮尾先生も申し訳ないほど協力して具体的に動いてくれています。医療がここまでやってくれているのですから、教育に当たる我々もその責務をまっとうしましょう」

毎日、うまくいったカレンダーを見せながら、K君のがんばりを激励していった。切れてしまうことは依然としてあった。今までなら、そこで「もう帰る」と言って聞かなかった。このカレンダーを使うようになってからは、「このまま帰って今日一日台無しにするのか。それとも、切り替えてがんばって、この先いっぱいシールを貼るのか。どちらが得なの？」と聞けるようになった。

K君は午後もがんばることを選び、切り替えて一日過ごせることが増えた。損か得かで教える。こうしたら得だということを教えていく。これも宮尾ドクターに教えていただいた。

「どのように過ごしたら得をするのか」というキーワードで、彼に調子のいい時間の過ごし方を教えていった。

運動会の組体操の練習のときである。ピラミッドの練習をしていたのだが、K君の下で支えていた生徒が崩れてしまい、K君は思いっきり落下してしまった。立ち上がったK君は、下になっていた生徒のところに行った。教師に緊張が走った。が、K君は一言、次のように言った。「今のは俺が悪かった」

この瞬間はビデオに収められていた。伊藤氏は、これをK君に何度も見せて褒めていた。

「これは素晴らしかった。こういう行動をすると、みんなに好かれて得なんだよ」

日常場面をビデオで見せながら振り返るということも、宮尾ドクターに教わったことである。他者視点で物事を考えるのが苦手な彼らだが、ビデオで自分の姿を見せることで、ステージを観る観客のように自分を見ることができるのである。

あるとき、K君は友達とトラブルがあって、泣いて教師のところに訴えに来た。友達を殴ることも、暴言を吐くこともしなかった。素晴らしいことだった。このときも伊藤氏が対応した。

「そうだ。悲しいときは泣くんだ。それでいいじゃないか。悲しいときは、暴力を振るったり、暴言を言ったりするんじゃない。泣けばいいんだ。みんなが君に同情する。得じゃないか。周りに同情されるような人間になれ」

それから、彼の行動は大きく変わった。苦しいとき、教師のところに来て泣くことが増えた。それを思いっきり褒めるようにした。そして宮尾ドクターの助言通りに、彼の辛い気持ちを受け止めて、そういうとき自分ならどうするかを伝え続けた。彼が切れる頻度、回数はさらに激減した。切れたときも、人に暴力を振るうことはほとんどなくなった。うまくいったカレンダー一日分すべてにシールを貼れる日が増えていった。

完全に集団から離れた所に個別スペースをつくっていたK君だったが、彼の個別スペースを集団のそばに移すことにした。それでも、K君は落ち着いて毎日を過ごせることが増えた。

## 5　医療との連携で気をつけること

K君は一〇〇枚、五〇〇枚とうまくいったカレンダーのシールをためることができた。シールがたまったときは、お母さんの見ている前で、校長先生から賞状を渡した。K君はとても誇らしげにしていた。

教育の力だけでK君を変えることは不可能だった。宮尾ドクターがK君の薬を変えてくださったときから、K君に少しずつ指導が入るようになっていった。

K君の事例があるまで、私は教育で子どもを変えなくてはいけないんだ、子どもが変わらないのは自分の力不足なんだと考えていた。しかし、教育の力だけで子どもを変えようとするのは、子どもにとって幸せにならないことがあることを実感した。やはり医療の助けが必要不可欠な事例がある。そういう事例を教育の力だけで何とかしようとしたとき、子どもは過剰な努力を要求される。そして、その努力は実を結ばないことが多い。教育の力だけで改善しようとするのではなく、必要な医療機関につなげることは教師の重要な仕事である。

それと同じくらい重要なのは、教師の力不足を医療の責任に転嫁しないことである。本当にそれは医療の領域なのか。教師の力不足によって問題行動が生じていないか。教師は、常に吟味しなくてはいけない。例えば、K君の衝動性の高さ、鬱の状態などは医療の領域であった。薬で症状を抑えてもらうことで、K君は大きく変わった。

しかし、教師の対応のまずさがK君を切れさせてしまっている部分もあった。宮尾ドクターに対応を教えてもらっていなかったら、私は彼の辛さを受け止めてあげることなく、「～してはいけません」とだけ彼に伝え続けていただろう。きっと彼は、切れ続けていただろう。正しい対応をすれば改善するのに、教師が勉強していないために子どもの状態が悪くなってしまっているのかもしれない。

伊藤氏が翔和学園のメーリングリストに出した前出の言葉はきわめて重要である。

「このように宮尾先生も申し訳ないほど協力して具体的に動いてくれています。医療がここまでやってくれているのですから、教育に当たる我々もその責務をまっとうしましょう」

教師が自分たちの責務をまっとうするという意識なしに、困った生徒がいるから病院につなげるという意識で医療連携をするのなら、それは子どもにとってとても不幸なことである。

できる限りの手を尽くして、それでも力が及ばない部分を医療にフォローしてもらうという気持ちで医療連携ができるように力をつけていきたい。

**ドクター（宮尾益知氏）のコメント**

暴れている子、すぐに切れる子どもたちは、自分でしたくてしているのではないということを自分から話させることから始めます。そうすると一緒に考えることができます。このようにして納得させて薬を使っていけば、このような話をしないで使ったときとで効果が違います。本人が気持ちが変わったことが実感できるからです。禁止ではなく、「こうする」という言い方をする。言い聞かせより、つぶやくような言い方をする。話しながら肩を触り、目を見て笑いかける、そんな話し方も効果的です。

**監修者のコメント**

自分を見る自分、メタ認知を育てていくことも重要です。具体的のうえにも具体的に——。それがポイントです。アドバイス的に、横でつぶやくように。

# 第2章

# アスペルガー児を指導する

# 大野耕策先生との出会いがA君の人生を救った

## ～教育と医療と保護者との連携によって～

島根県公立小学校　松本好子（仮名）

### 1　A君との出会い

以前担任したA君。後にアスペルガー症候群と診断されることになる。

その当時、担任であった私は、発達障がいの知識もなく、A君と出会うことになった。出会って驚いたことがいくつかあった。

①目が合わない

小学校一年生として入学してきたA君。とても元気な周りの子どもたちに比べ、なんだか元気がない。「あれ、おかしいなあ」と思っていると、次の行動が現れた。

②同じ所をくるくる回る

普段あまり表情がないA君だったが、回っているときはとてもうれしそうだった。また、一人で「ブーン」と言いながら楽しそうに、休憩時間中ずっと回っていた。後に本人が、「回っていると気を落ち着かせることができる」と言っていた。

また不思議なことがあった。

### ③「酔った」と訴えてくる

授業中、休憩時間、給食時間、色々な時間に、

「先生、酔った」

と言ってきた。授業中、ただ座っていただけなのに、酔う。バス酔いのようで、本当に真っ青になって保健室に駆け込んだ。保健室に行ったら、気持ちよさそうにすやすや寝ていた。

休憩時間は図書館に必ず一人で行った。必ず図鑑コーナーに行き、お気に入りの場所に座った。図鑑は恐竜図鑑。特に体長などの数値にこだわっていた。にこにこしながら見ていた。こちらが質問すると、うれしそうに、

「この恐竜は○○といって、○○紀の恐竜で体長は○メートル。……」

と得意げに話しつづけていた。教室の様子とは違って生き生きしていた。

今、思い起こせば、目が合わないなど典型的な自閉症的傾向が現れていた。くるくる回るのは「反復・常同的な行動パターン」。酔ったというのは、ストレスからくるもの。恐竜図鑑は、こだわりと、人間関係の構築がなかなかできないことから、自分の世界に没頭していたのだと考えられる。

その当時は、その知識がなかったが、A君を含めだれもが居場所があり、活躍できるクラスづくりを心掛けた。楽しい授業ということでは、例えば算数の導入では、ほぼ一年間、百玉そろばんで入り、教科書を使って分かりやすい授業をした。漢字スキルでは、指書き、なぞり書き、うつし書きのステップで確実に定着させた。また学級経営の核を、

**五色百人一首。**

にし、男女仲良しのクラス経営を心掛けた。また保護者との連携も密にし、月に一回は話し合いの場を持ち、情報交換していった。家庭と学校で連携し、二年生も持ち上がり、楽しく過ごせていた。笑顔も増えていき、うれしく思っていた。私はA君が三年生になるときに転勤になった。

その後の担任の先生方も、A君の人間関係に注意しながら指導を続けられ、無事、小学校を卒業したと聞き、安心していた。TOSSの指導法で学力をしっかりつけ、友達と仲良くできることの大切さを実感していた。

## 2　A君の母との再会

地域で開催された講演会があった。私もPTAの活動で参加していた。その会が終わって帰ろうとしていると、A君の母親が玄関で待っておられた。

「お久しぶりです。お元気ですか」

「それが……」

と口ごもってしまわれた。どうしたんだろうと思っていると、

**先生、中学になってAが元気がないんです。**

と言われた。とても驚いた。しかし、話を聞いていると状況が見えてきた。

A君はなかなか不安や悩みを打ち明けることなく、自分の殻に閉じこもっていた。また、自己を客観視できず、鼻をほじってクラスの生徒から嫌がられていても気づかなかった。

小学校では、笑顔が出てきて、楽しそうに学校に通うことができるようになっていたA君。中学校に入った途端にそれでは、切なかった。そこで、こう切り出した。

鳥取大学医学部の大野耕策先生との勉強会をします。来られませんか。

その後、中学校の先生に連絡した。また、支援を要するお子さんだということが明確だったので、すぐに医療への道をつくりたかった。このまま、A君がつぶれてしまってはいけない。

## 3 TOSS特別支援セミナーへの母の参加

その一週間後、米子で「特別支援教育セミナーIN米子」を開催した。岡山からお招きした小野隆行先生と、鳥取大学医学部脳神経小児科の大野耕策教授とのコラボレーションセミナーだ。教育界のトッププロと医師の世界のトッププロによる、最高のセミナーを地元で開催させていただいた。

大野耕策先生にはTOSS米子のメンバーとして一〇年近く学ばせていただいている。事前に大野先生には、母親が来られることをお伝えしておいた。大野先生はお忙しいのにもかかわらず、二日後の予約を自らしてくださった。通常、病院での診療は予約でいっぱいで、一ヶ月待ち、二ヶ月待ちは当たり前である。それなのに緊急性があるということで二日後に予約をとってくださった。

A君の担任と、私の同僚で小学校三〜四年時のA君を担任していた先生が、話をしてくださった。そこでA君の現状を担任にも伝えてもらった。そして中学校の理解もあり、最初の受診に担任の先生もついていってくださった。

## 4 大野耕策先生とA君の再会

いよいよA君の受診の日。実は以前に一度、大野先生の診察を受けていたことを母親は思い出された。「カフェオレ斑」という症状で三年生のときに受診していた。でもそのときは、

「お母さん、子育てで大変なことがあったらまた来てください」

と言われていたそうだ。でも母親は大野先生のところに行くことはなく、その日に至った。

診察には、小学校のときに行ったＷＩＳＣⅢの結果を持参していった。診断名は、

**アスペルガー症候群。**

であった。大野先生は状態を見られた。表情もよい。がんばれば色々なことも分かる。ということで薬の処方はされなかった。

また、大野先生は次のようなアドバイスをされたそうだ。

**医者か公務員のような、人から怒られない仕事に将来就くといい。営業はやめた方がいい。親がＡ君の得意なところを見極めて方向性を見つけてあげることが大切。いい方向に進めば、苦手なことにも自らがんばれるようになる。**

Ａ君はなかなか心を打ち明ける相手はいない。しかし、大野先生のような優しくあたたかく包み込んでくださるタイプの方に心を開き、診察のときにも自分の素直な思いを話せた。それは、大野先生の話しやすいお人柄のおかげである。大野先生のお人柄のたまものである。アドバイスを担任の先生もしっかり聞いて帰られた。

この大野先生との出会いがその後の、Ａ君、母親、担任の先生を支え、Ａ君の生活を変容させていくことになる。

## 5 安心できる学校生活に向けて

母親から最初に訴えがあったのは、次のようなことであった。

A君は人の目を気にせず、授業中に鼻をほじっていることがあった。そんななか、周りで見ていた生徒の一人が、「A君、机、運んでよ」とわざと言ってきた。見ていたほかの生徒が、「鼻くそをほじった手で汚ない」と大騒ぎになった。後にそのことを知った母親は、学校に相談された。

そして、私と夜、講演会で出会い、大野耕策先生との再会につながったのである。もしあの日、出会えなかったらどうなっていただろう。

受診にもついてきてくださった担任の先生。学校でも相談され、学年集会が開かれた。その学年集会では、A君の特性を絵やスライドを使って分かりやすく話して下さった。

特にアスペルガー症候群のA君にとっても、ほかの生徒たちにとっても、視覚的にイメージしやすい指導で分かりやすかった。その後、ほかの生徒たちもよく分かってくれたようだ。保護者が素早い対応をされ、医療と連携し、担任の先生も理解があり、良い関係になっていった。

**教育と医療と保護者との連携。**

この三つがうまく連携し、A君は今も毎日、学校に通っている。大野耕策先生のアドバイスを担任の先生も即、学校で実践された。本当によかった。

## 6　中学校での対応の変化

担任の先生が、その後、適切な対応をしてくださり、学校での周りの子の様子にも注意を向けられた。また、A君の部活の顧問でもある担任の先生はA君の特性をよく理解されていた。運動は得意な方ではなかった。でもA君の特性上、負けることは嫌いであり、プライドは高かった。その特性をよく理解されて対応された。運動会のとき、A君は、担任の先生が馬になり、その上に乗って騎馬戦に参加したのである。体格からして、本来ならば馬になるはずのA君。しかし上に乗って騎馬戦に参加しているA君の表情は、笑いにあふれていた。担任の先生の理解なくしては見られない笑顔だったと思われる。

担任の先生の努力、支援体制あってのことだと思う。やはり、大野耕策先生との出会いがいい方向に進みだしたことを実感させるエピソードだった。

その後、担任の先生が持ち上がり、A君は順調に中学校生活を送っている。

**ドクター（大野耕策氏）のコメント**

松本先生が最初に心がけられた「A君を含め、だれもが居場所のある、活躍できるクラス作り」がA君を安心させたと思います。

休憩時間は構造化されていない社交的な時間で、A君はこの時間が苦手です。休憩時間を図書館で過ごすことを認め、お気に入りのことを聞いてあげることで、A君の居場所が与えられ、先生に認められる場面ができ、A君を含めたクラスづくりが成功したと思います。

学力的にも劣ることなく小学校を卒業できたのは、百玉そろばんの導入などでわかりやすい授業を行い、仲良しクラス経営と保護者との連携を心がけたことが大きな効果をあげたと思います。

中学校に入ってからはA君が不安になることが増えてきました。アスペルガー症候群の特性を理解し、適切に対応することが大切です。

松本先生が保護者の方にTOSS特別支援セミナーに参加されるように勧められ、医療へつながるきっかけを作られたこと、また受診にもついてきてくださった中学校の担任の先生、その後もTOSSの勉強会に参加され、子どもをさらに理解しようと努力された保護者の方、教育と医療と保護者との連携がたいへんうまくいったと思います。中学校の担任の先生が騎馬戦の馬になってくださった話は初めて伺いました。

現在、A君は高校二年になりました。高校合格後、不安が少なくなり、病院受診もほとんどなくなりました。

A君の場合のように、学校や家庭で、アスペルガー症候群の児童・生徒が抱えやすい不安を理解し、安心して学校生活が送れるように連携して支援できるようにしたいものです。

**監修者のコメント**

アスペルガーの子どもは周りから見られていることを気にしていません。「この場所では」と言い直しましょう。「だめ」と言えない。ヘルプが出せないのも特徴です。「だめ」の言い方、ヘルプの出し方をパターン的に教えてあげましょう。

# 自分のこだわりが認められないとパニックになってしまう子どもへの対応

## 医師のアドバイスによってパニックが収まりクラス全体がよい雰囲気になった

大阪府公立小学校　新井多香子（仮名）

## 1　子どもの状態

A児。三年生。女子。アスペルガー傾向の児童。

### （1）自分だけの世界を持っている。

①独り言を言う。
②言葉遣いはたどたどしい敬語口調。
③休み時間は一人で学校探検をしている。給食場が好き。
④天気記号が好き。暗記力がある。
⑤授業中、急に絵本のなか、または空想の世界に入ることがある。
⑥友達に話しかけるときは自分のペースで話しかけ、相手のテンションに関係なく話しかけてしまう。

**（2）A児のほかの子とのペースの違い（動作の遅れ）を母親は心配している。**

家庭訪問では、まず保護者の気持ちを聞いた。それから保護者に対して学校でのA児の様子を素直に伝えた。「A児のよさをクラスに伝え、A児の特性を理解し、包み込むようなクラス経営をしていきたい」と伝えた。

**（3）三年生になってから、初めてのこと、自分のなかのこだわりに対して、人前であっても大変強い抵抗を示すようになった。**

①図工の時間に「粘土の臭いが無理」と言って、涙を流して粘土作業を拒否。
②体操服を着た状態で、黄帽子をかぶることを強く拒否。
③初めての国際理解教育の授業でアクティビティに参加したくないと言い、自ら後ろの席に座って「参加せずに見とく」と言った。
④着衣水泳の際、水着の上に体操服を着てプールに入ることを嫌がった。
⑤歯磨き指導の際、赤い液体を歯に塗られるのを強く拒否。

**（4）すぐに違うことに気が散り、体操服に着替えたり、帰りの用意などの動作完了までに時間がかかった。**

常に教師または友達の声かけと手伝いが必要で、次の作業に移れていないときは、「次は～するよ」という優しい声かけを行った（強く言うと、目に涙を浮かべたり、固まってしまったりするからである）。

着替えや帰りの用意は教師が手伝って一緒にやり、できたら褒めるようにした。

**（5）学校でパニックになったことを保護者に連絡すると、家で毎回厳しく叱られる。**

A児はお母さんに叱られるのをとても怖がっている。

ある日、体の一部に傷をつくって登校した。A児に聞いても「言えない」「お母さんから言ってはいけないと言われているから」と言って何も教えてくれなかった。その日のうちに電話でお母さんに聞いてみた。するとお母さんは素直に話をしてくれた。毎回約束しているのに、またパニックになったのかと思い、育児のストレスも重なり、A児に手をあげてしまった。その拍子にA児を傷つけてしまったとのこと。

日頃は「早くしなさい」とお尻をペンペンする程度の体罰はあるとのこと。

「パニックを起こしたときに教室から出てはいけない」「保健室でクールダウンしてはいけない」と家で言われたことにより、A児がパニックになったときにクールダウンできるだれもいない場所に連れて行こうとすると、もの凄く抵抗するようになった。

## 2 安原昭博ドクターのアドバイスと、アドバイスを受けての現場での取り組み

> ①自己主張が強くなったのは先生が怖くて言えなかっただけ。怖くて抑え込むのはよくない。怖いのが続くと頭痛、腹痛などA児が知っている病気を訴え、この子は学校に来なくなる。

熱心な先輩の先生だが、それでもドクターから見れば怖すぎるという課題が見えてくるということを今回の事例を通して知った。同時に、私もそのようなところがたくさんあると思った。

前担任を非難するわけではなく、A児に対して強く言いすぎてはいけないということを自分の戒めにした。

> ②色々なサインを送ってくるのに気づけばよいが、親によっては気づけない。今ちゃんと学校に来ているのは奇跡。

授業中、耳を触りすぎて、「耳が熱い」と言うことがあった。そのときは保健室に行かせ、保冷剤を借りてこさせた。冷やすことで耳の熱さが緩和され、耳に向いていた気持ちを授業に戻すことができた。

**③教師の対応はこれでよい。嫌がるときは無理にさせたり参加させたりしない。**

プール開きの練習の際、私服のまま、靴下を脱いでプールサイドに行くことを、泣きわめいて拒否した。無理にみんなと同じことをさせようとせず、小まめに声かけを行い、少し離れた所から見学させた。

次の時間からは何もなかったかのようにプールに参加した。

**④初めてのことは横で見させておくだけでよい。無理にさせない。**

A児はフラフープ、みんなでのドッジボール、鬼ごっこなどの遊びに参加するのを嫌がった。体育の時間の運動や初めてのこと、みんな遊び、A児が苦手なことは無理強いしないようにした。

授業前に、クラスの子には「A児が初めてのこと、みんなで何かをすることに対して不安感を示すことがあるからね。そのときは何も言わずに見守ってあげてね」と話していたので、A児のことをクラス全員がスッと受け入れていた。教師も子どももA児に無理強いをしなかったことで、A児はパニックを起こさなくなった。

**⑤新しいことが苦手な子、感覚過敏の子に「がんばってやりなさい」と無理強いすると不登校になる。**

音楽の時間に「吹き口をくわえるのが嫌」と言い、リコーダーを吹くのを嫌がった。「少しやってみたら」と声をかけると、涙を浮かべ始めたので、吹き口はくわえさせずに、指だけで練習させた。

それを繰り返すうちに、以後、抵抗なくリコーダーの練習に取り組んだ。

**⑥写真を使うなどして事前予告を丁寧にしっかりと行うとパニックは回避できる（不安を最低限にする）。この子の支援で一番必要なのは「予告」である。**

A児は遠足などの校外学習の前は必ず私に行き先や乗り物などについて詳しく聞いてきた。初めて行く場所や行き方、交通手段、みんなとの行動に不安を持っていることがよく分かった。

事前に行き先の写真や、「この道を通るよ」と言いながら、行く道の動画を撮影しておいて見せた。ここまで丁寧にクラスで話をできるようになったのは、ドクターから具体的に方法を示してもらったからである。

事前予告の際、全体に話をして終わりにするのでなく、必ずA児に話しかけたり、ボディータッチをしたりして、A児の気を教師の話に集中させるようにした。そうすることで、当日のA児の不安を最小限にでき、A児はとてもおだやかに楽しんで行動することができた。

サークルで学んだ「セロトニン5」――（1）見つめる、（2）ほほ笑む、（3）話しかける、（4）触れる、（5）褒める――がA児にも大変有効なことを体感した。

今振り返ると、嫌だと言って抵抗したり、パニックを起こしたりするA児の行動は、A児独自のこだわりと感覚過敏が原因となっていたほか、教師の事前予告が不十分だったことによる不安感の表れだったのだと強く反省した。TOSSサークルや専門ドクターから学んでいなかったら、A児をわがまま勝手な児童と捉えていたかもしれない。生身の人間を扱うという意味で、教師という仕事はお医者さんと同じくらいその子の生命、生涯に関わる責任ある仕事だ。これからも真剣に学び続ける必要性を実感した。

### ⑦パニックになった際には、クールダウンできる一人の環境をつくる。

保護者、クラスメイトから理解を得て、パニックになった際はその場を離れ（クールダウン）させる。

クラスでビンゴをした際、A児が持っているビンゴカードの数字がなかなか出なくて、「勝てない」と言ってA児が急に教室内をウロウロしだし、最後、大パニックになった。

「嫌だ」「もう家に帰る」と言って椅子を床に叩きつけたり、机を押し飛ばしたり、最後には帰りの用意をしはじめた。

入り込みの先生にお願いし、教室の外に出て一緒に歩いてクールダウンしてきてもらった。

その後、一時間、保健室でクールダウンした後は、何もなかったかのように落ち着き、授業にも集中して参加していた。

A児に限らず、学校内にはだれからも見られない一人きりの場所を設ける必要があると、安原ドクターとの勉強会でクールダウンの重要性を教えてもらっていて本当に良かったと思った。

また、担任一人で抱え込まずに、管理職の理解、介助員の先生や養護教諭の助けなど、大勢の支えが学校現場では必要だと強く感じた。

### ⑧お母さんの味方になる。あったことを丸々伝えることはせず、心配をかけすぎない。

保護者と連絡帳などを通してA児のがんばりを伝え、家でもたくさん褒めてもらうようにした。

パニックになったことを逐一は保護者に伝えず、よくできたとき、がんばったときには、連絡帳やノートに保護者が見て分かるようにコメントを書いたり、ハンコを押したりした。保護者がそれを見て家できちんと褒めてくれ、母親に褒められることでA児はよくがんばった。

**⑨ほかの児童が気づいてA児に注意する前に教師が先に気づいて対応する。**

「A児に注意するのは先生だけ、ほかのお友達は言いません」とクラスで伝え、A児に対してほかの子に強く注意させないようにした。

教師がA児の行動を瞬時に把握し、声かけをすることで、A児のことが気になって仕方がなかったクラスメイトが、先生に任せたという様子で安心してクラスで過ごせるようになった。

## 3　子どもの変化

事前予告を丁寧に確実にA児に行うことで、三学期になると初めてのことでもA児はパニックを起こさなくなった。

また、周りの児童にA児の特性を伝えることで、A児だけ特別扱いするのはずるいと思っていた児童がA児に対して優しく接することができるようになった。

学年末には、四月当初は参加しなかったクラス全員でのドッジボールや大縄にもA児は加わるようになった。さらに、A児が大好きなフラッシュカードを子ども同士でやる光景も見受けられた。

A児がクラスメイトと関われるようになったのは、ドクターから「初めてのことは横で見させておくだけでよい。無理にさせない」というアドバイスをいただいたからである。ドクターからの教えがなければ、周りの目を気にしてA児に対して少しは無理強いさせていたと思う。

このように教師が間に入り、A児の特性をみんなに伝え、A児の変容をみんなで見守ることで、A児がクラスの一員としてどの子からも受け入れられるようになった。

体操服に着替えたり、朝来てすぐにランドセルを片付けたりするなどの動作の遅れについては、ほかの子と一緒のタイミングでA児はできるようになった。

教師がいなくても、子ども同士で声をかけあい、教師ではなくクラスメイトが手伝い、できた時にはみんなの前で強く褒める。これを繰り返すなかで、声かけや手伝ってくれた友達を同時にたくさん褒める機会が増え、クラス全体がよい雰囲気になっていった。

**ドクター（安原昭博氏）のコメント**

学校の先生にお願いしたいことは、パニックを起こした時に、家への連絡は極力少なくしてほしいということです。家に連絡をするということは、子どもが家で叱られる機会を増やしているということです。子どもにとって、失敗体験になってしまいます。

子どもが自信をつけるために、その子どもができることを用意してください。例えば学習面では、すでにその子ができることを八割用意します。そこで成功体験を積んだ後、二割の新しい学習に挑戦します。成功体験の連続は、その子に自信をつけます。そうすれば、パニックを起こすことも少なくなっていきます。

もう一つ大事なことがあります。学校であった事実を保護者に伝える時は、「学校でパニックになりましたが、一人で解決できました。学校でほめましたので、ご家庭でもぜひほめてくださいね」というように、子どもが叱られないような伝え方をすると効果的です。

学校の先生が保護者の味方になるということも大切です。

**監修者のコメント**

人はみな違います。その子の特徴をみなで共有しましょう。差別ではなく。母親の気持も分かってあげましょう。母親に文句を言うだけではなく。

# アスペルガー傾向で何でも自分の思い通りにしたい子どもの対応

## 正しい対応を学び、正しい対応をしつづければ、目の前の子どもは少しずつ変わっていく

兵庫県公立小学校　和田孝子

### 1　子どもの状態

A君。三年生。男子。アスペルガー傾向の児童。人間関係でのトラブルが多かった。四月初め、友達との喧嘩のときには、カッとなり我を忘れて手を出してしまうことがたびたびあった。自分の思いを通すまで、友達に暴言を言いつづける姿もよく見かけた。

二学期の懇談会で、お母さんから相談を受けた。お母さんの具体的な悩みは次の三つであった。

①文字の丁寧さが欠けること。
②ウソをつくこと・ごまかすこと。
③自分の思い通りになるまで大きな声を出すこと。

## （1）文字の丁寧さが欠けること

家での漢字学習の字が汚いことを、お母さんは気にしていた。A君がどんな姿になってほしいのかをお母さんに尋ねたところ、「書く量よりも、質が高まってほしい」とのことだった。

そこで、漢字の宿題を【漢字一ページ（百字）】ではなく、【漢字を①～⑩まで二回分】と変更した。

**書く量ではなく、丁寧で正確な文字を書けるように、文字数を減らし、同じ時間で少ない文字をゆっくり丁寧に書くことで、丁寧な文字を書く習慣を身につけさせることに重点を置いた。**

漢字の宿題をなくそうかと提案した。しかし、家庭での勉強の習慣をつけたいということだった。量を減らして丁寧に書かせることになった。

その後、毎朝、私に漢字ノートを見せに来るという約束をした。私のところに来て、「先生！　今日の俺の字、どう？」と、はにかんだ笑顔で見せるようになった。私は、大いに褒めた。「すごく丁寧な立派な字だ。優秀！」「この、『勝』という字は、△をつくるともっといい字になるよ！」力強く褒めて、すぐにできることを一つずつA君に教えるようにした。A君は素直にうなずき、直して持ってくるようになった。

## （2）ウソをつくこと・ごまかすこと

自分が叱られると思ったときに、A君はウソをつく。例えば、A君は剣道の習い事をしている。剣道着まで着て家を出ているのに、実は公園で友達と遊んでいたということがあった。習い事の剣道には行っていない。同じ習い事をしている子のお母さんに聞いたところ、A君がずる休みをしていたということであったそうだ。

A君が剣道をさぼったことを知ったお母さんは、一九時頃帰宅したA君に、「今まで何していたの？」と聞いた。A君は「剣道に行っていた」と言った。「B君のお母さんに電話したら、A君は今日は来ていなかったって聞いたけど?」とお母さんが言っても、「俺は剣道に行った!」とA君は言い張るそうだ。

**「夜七時にもなって家に帰って来なかったら、お母さん心配するよ……。先生がA君のお母さんだったら、とっても心配で心配で仕方ないよ。もう、ウソをついて遊びに行くのはやめたらどう?」A君と二人きりの空間で話した。**

A君は素直にうなずいた。A君は、ほかの児童がいない所で私と二人きりで話すと、素直に自分の気持ちを言ったり、私の話を聞いたりできるようになっていた。この後、ウソをついて遊びに行くことはなくなったということだった。

学校でも、板書をノートに書き写していなくて隠したこともたびたびあったが、それ以後、「遅くなってごめんなさい」と、遅れてでも持ってくるようになった。そのときに、必ず大きく褒めるようにしている。「正直に持ってきたAはすごい! これからも持ってくるんだよ」。A君は素直にうなずいていた。

## (3) 自分の思い通りになるまで大きな声を出すこと

家では、姉のBさんと喧嘩になると、A君は大きな声で怒鳴りつづけるそうだ。Bさんは途中で面倒くさくなり、折れてあげるそうだ。A君は、Bさんが途中で折れてくれることを知っているので、ますますエスカレートして暴言がきつくなっているとのことだった。A君は、負けを認めることが苦手だった。

学校では、五色百人一首をしているときに、明らかに相手の手が下にあったとしても力ずくで奪うほど、負けを認められない。

百人一首で、私の前の席に来た際、自分が負けた相手にカードをわたせたときには、毎回、「素直でえらいね！　負けても勝っても、正直なA君はすごいと思うよ」と、褒めつづけた。

A君は、順位が下がったとしても、かんしゃくを起こすことなく、素直に席をゆずることができるようになってきている。

## 2　安原昭博ドクターからのアドバイスを受けての現場での取り組み

お母さんにも、「教えて褒める」対応をすればよいことが分かった。お母さんはA君の子育てについて、だれかから教えてもらうことはなかったのだろう。そして、教えてもらったことをやって、褒められるという経験もなかったのだ。

とにかくA君を褒めること、お母さんを褒めることを意識するようになった。三学期のA君は、とてもおだやかに過ごせるようになっていった。素直にがんばれる場面が増えていった。

A君を三年生に引き続き四年生でも担任することになった。

**①A君の話をうなずいて聞き、「よく分かる」と共感する。その後に、一つだけ教師の伝えたいことを伝える。**

というアドバイスを、次のように実践した。

A君は、かっとなって喧嘩することがよくあった。三年生で初めて担任したときには、暴言を言ったり殴ったりする姿がよく見られた。A君が喧嘩するときには、必ず原因があった。「うん、うん」「そうだったんだね」と、あいづちを打ちながら聞いていると、A君は安心してだんだん落ち着いてくる。かっとなっているときに何を話してもだめだった。気持ちを逆なでし、余計に怒りが出てしまう。とにかくA君の言い分を聞くことで、A君の気持ちは落ち着いていくのだった。落ち着いたところで、「今度はB君の言い分を聞きます。B君はA君の話を全部聞きました。大変優秀でした。A君もB君の言い分を聞きます」と言った。

A君は落ち着いて聞くことができるようになっていった。「相手の言い分をだまって聞けるA君は、優秀だなあ」。ここでもA君を褒めることができる。

負けを認めることが苦手なA君。喧嘩の後、自分の非を認めることも苦手だった。

「先生は、大きな声で相手に怒鳴るのはよくないと思うなあ」

最後に一つ、教師の言いたいことを言うと、A君は受け入れられるようになった。A君は、一つだから次回から取り組むことができる。一年間、この指導を繰り返していった。

### ②自尊心・自己肯定感の論理を伝える。母へ細かく教える。

A君のお母さんは、「Aは、○○がダメなんです」「□□するAが許せないんです」とA君を否定するようなことをよく口にしていた。私は次のようにお母さんにお伝えした。

「A君のことをよくしたいと思って、A君の行動が気になってしまうお母さんの気持ち、よく分かります。ただ、『あれもダメ』『これもダメ』では、お母さんのA君に対する愛情が伝わりません。それどころか、『どうせ俺なんか何もできないんや……』と、自分を責めるようになります。お母さん、A君を褒めて育てるようにしてみませんか？　私も学校で、A君のいいところを見つけて褒めるように意識しているんですよ。一緒にA君を褒めて育てていきましょう」

お母さんは、「やってみます」と前向きに答えてくれた。

**③一週間など期限を設定し、叱らないで柔らかい表情で話すことを母親に教える。**

同じ電話で、次のようにもお伝えした。「お母さん、私たち大人も、できないことがあって当たり前です。私もつい叱ってしまうことがあります。まず一週間、一緒にA君を褒めて育ててみませんか?」お母さんは、「やってみます」とこの提案にも前向きに答えてくれた。

**④母親に教師が寄り添っていく。母と教師がお互いにA君のことをどうしたいのか、共通の価値観を持つ。**

「A君が丁寧な文字を書く」「A君が何でも正直に話してくれる」「A君が友達にきつい言葉でなく、やさしい言葉を使う」ということが、お母さんと私の共通の価値観だった。個人懇談で、一時間半話し合って決めたことだった。

そして、学校でA君が変わったこと、がんばったことを、お母さんに伝えるようにした。

**⑤A君の変化を母親に伝える。教師がうまくやっていくと、母親も柔らかくなっていく。**

連絡帳に書いたり、電話をしたり、一筆箋に書いたり、様々な方法で伝えた。特にA君自身が喜んだ方法は、一筆箋だった。国語の授業に素晴らしい意見を発表したこと、クラスの仲間のためにやさしい言葉をかけたことなどをお母さんに伝えた。

一筆箋は、クラスの仲間の前でA君に手渡した。書いた文章を読み上げた。クラスの仲間から自然と拍手が起こる。A君は照れ笑いしながら、とてもうれしそうに受け取っていた。

その日の放課後に、A君のお母さんに電話をした。A君のお母さんは、「本当にAがそんなにいいことをしたのですか？　信じられません。でも……うれしい報告をありがとうございます」と、お母さんもとてもうれしそうだった。さらに、学校でうまくいった対応をお母さんにお話しした。「家でもやってみます」と答えてくれた。

**⑥母にどうすれば幸せになるかをとことん話す。どうA君と関わったらよいのかを母に知らせる。「こういう育て方をしたら、こうなる」「こうしたらうまくいきますよ」ということを母親に具体的にアドバイスする。**

学校でうまくいった実践をお伝えした。お母さんは、「そんなことがあったんですか」「本当にAがそんなことしたなんて、信じられない」と驚いていた。お母さんが知らないA君の姿をお伝えすることで、お母さんのなかのA君のイメージがよい方に変わっていくのを感じた。

**⑦お母さんを褒める。具体的な目標の設定を母にさせる。**

お母さん自身も、A君の子育てに対して劣等感を持っているようだった。意識して、お母さんも褒めるようにした。

お母さんと電話で話していたときに、次のことを言っていた。「私は、つい宿題の字が汚いと、『汚い！』と言って、消しゴムで消してしまうんです……。ダメですよね……」

私は、「ダメなことはないんですよ、お母さん。A君の文字を真剣に見てくれているということですよね。でも、『汚い！』と言ってしまうと、A君にとっては、お母さんに否定された、と感じてしまいます。『Aならもっと丁寧に書けるから、もう一度書き直してごらん』と肯定文で前向きにA君に伝えると、A君が自分からがんばれるようになりますよ！」とアドバイスした。

次の日のA君の文字は、とても丁寧で美しかった。A君に、「昨日の漢字ノート、とっても丁寧な文字だったね！　優秀！　お母さんとやったの？」と聞いた。A君は、「お母さんにやり直しさせられんように、がんばって書いたんや。そしたら、お母さんも褒めてくれた」

その日の放課後、お母さんに電話をした。「今日のA君の漢字ノート、とっても丁寧で美しい文字でしたね！お母さんが見てくれたそうで、本当にありがとうございます」と言った。A君のお母さんは、「できるだけAを叱らないようにしました。なかなか褒めるということは難しいことですね」と自信がなさそうに言っていた。

しかし、A君は、お母さんから認められ、褒められることで自己肯定感が上がり、やる気に満ちあふれていると、私は確信していた。私は、「お母さんが、A君を褒めて認めてくれたから、A君は自分からがんばりはじめたのですよ！　お母さん、これはすごいことなんです。本当にありがとうございます」とお母さんを褒め、ねぎらった。お母さんは照れながらもうれしそうにしていた。

## 3　子どもの変化

以前は、「A君はダメな子」と思い込んでいたお母さんも、A君の報告を聞くと少し照れながらもうれしそうにしていた。張りつめていたお母さんの心が、緩んでいるのが感じられた。

四年生になったA君は、大きな成長を遂げた。喧嘩をした後にA君の話を聞いた。すると、

## 「きつく言ったのは俺が悪かったんだけど……」

自分の非を、自分で認める発言をした。とてもおだやかな口調だった。

「A君、自分から言えて、本当にえらいね！　優秀！」

A君は「優秀！」と褒められることが好きだった。私も意識して「優秀！」と褒めるようにしている。

四年生になった四月の家庭訪問でお母さんにとても感謝された。

「三年生の後半になって、少し成長してきたAですが、まだまだAは手がつけられません。先生だったらAをうまく見てくれるのですが、二年連続で担任をしてもらうことは難しいと思ったのです。だから春休みに、学校に行って、Aには怖い男の先生に担任になってもらいたいと言いに行こうと思ったんです。女の先生ではとてもAを担任できないと思ったのです。でも、何となく今年も先生の気がして、学校に行くのはやめました。先生が担任してくれるのなら、とても安心です。本当にありがとうございます。今年もよろしくお願いします」

私を信頼してくれているという言葉だった。本当にうれしい言葉をもらった。これも、安原ドクターとの勉強会とサークルで学んでいるおかげだ。正しい対応を学び、正しい対応をしつづければ、目の前の子どもは少しずつ変わっていく。教師が変われば子どもも変わる。子どもの事実から強く感じた。

**ドクター（安原昭博氏）のコメント**

ウソをついたりごまかしたりする子どもで一番困ることは、親の財布からお金を勝手に持っていくことです。対応法としては、何か仕事をさせ、報酬としてお金を与えることが一番効果的です。親は日々自分の財布の中身を確認しておき、何万円取られたのかということをきちんと把握することが大事です。一番大きな金額では、二七万円持っていったという事例があります。最初は一〇円や一〇〇円だったものが、突然の如く、一万円、二万円と持っていくようになります。

お金の価値がわからない子どももいるので、教える必要があります。

ウソをつくということに関して、本人はウソではなく真実だと考えている場合があります。また、親が厳しすぎると、ウソをつかないと自分のしたいことができないのでウソをつくようになります。

ウソをついた時に一番いい対応法は、無視をするということです。そして、本当のことを言ったときに反応してあげることが大切です。ある程度の自由を与え、子どもを信頼すると、子どものウソは急激に減ります。

**監修者のコメント**

アスペルガーの子どもは、男性の極限です。すなわち女性（母親）から最も理解できない子どもになります。苦手で当然。子どもの思いを通訳してあげましょう。悪かったことを報告するだけではなく。

# 第3章

# 学習障害（書字障害）・広汎性発達障害児童を指導する

# 静かにパニックを起こす子どもへの対応

## 書くことが苦手な高校一年生への対応

兵庫県公立高等学校　和田秀雄

### 1　子どもの状態

高校一年生男子のA君。私はA君に、週三時間、数学を教えることになった。授業してすぐに、私はA君の視写をするスピードが遅いことに気づいた。文字は形のバランスが崩れていた。本人は丁寧に書いているが、うまく表現できていなかった。ノートに黒板の図を写すときも、図のバランスをとることが難しかった。

私は次の方針でA君に対応することにした。

**新聞のコラムを写すことで、視写するスピードを向上させる。**

この新聞コラムを視写させる指導は、知り合いの先生の実践を参考にした。継続することで、生徒の視写スピードが向上し、学力も向上したそうだ。

私は、A君に、書くスピードを上げるトレーニングをするメリットを伝えた。

新聞のコラム欄を毎日写すことで、子どもの視写するスピードが格段に伸びたという実践紹介を通して、趣意説明をしたのである。A君は論理的思考能力があるので、視写するスピードを上げると、必ず勉強が今よりできると確信した。

## A君にやり方を教え、A君が取り組むか取り組まないかを、自分で選択させた。

A君の決断は「やる」であった。

私はA君を図書室に連れて行った。A君に新聞のコラム欄を視写させた。コラム欄は約六〇〇字だ。一回目にかかった時間は、三二分だった。一〇分間で約一九〇文字のスピードだ。視写のスピードは小学六年生だと、一〇分間で三五〇文字が目安となると言われている。A君はかなり遅いということが分かる。

写す時間帯は、昼休みか放課後か帰宅後かを選択させた。A君は、昼休みに写すことに決めた。

私は授業でもA君が新聞コラムの視写をしていることを全員の前で話をした。そして、視写するスピードは勉強をする上で重要なことを話した。

そして、A君は視写を継続していくから、みんなで見守っていこうとも話をした。やんちゃな男子も真剣な表情で話を聞いていた。

A君は、新聞コラムの視写を三ヶ月続けた。

授業の前に「A君、今日は何分だった？」と私は毎回聞いた。時間が早まるたびに、驚き、全員の前で取り上げ、褒めた。ほかの生徒も「A君すごい！」と言っていた。

最終的には一六分で書けるようになった。一〇分間で、三七五文字のペースだ。小学六年生合格のスピードまで向上した。

ところが、同じ年度の一一月、事件は起きた。

私は授業終了三分前に、次の指示を出した。

**黒板を最後までノートに写します。最後まで書けて、先生に合格をもらった人から、休み時間とします。**

書く量は少なかった。

しかし、A君だけがノートを持ってこなかった。A君の様子がいつもと違っていた。下を向き、動かない。

私はA君のところへ行き、事情を聞いた。

A君は言った。

「パニックになってしまって……」

そう言いながら、頭を抱えるA君。

「そうか。そうか」と言いながら、私はA君の背中に手を当て、A君の隣の椅子に腰かけた。

私はなぜA君がパニックを起こしたのか、まったく想像がつかなかった。

どうしてパニックになったのか話を聞くことにした。

A君によると、一〇月下旬に行った遠足の朝からパニックがあったようだ。昔のいじめられていたときの記憶がフラッシュバックし、パニックになったとのことだった。そのため、遠足はまったく楽しめなかったと本人は言っていた。

また、遠足以来、授業中に分からない問題があるとパニックになっていた。

その日は六時間目の数学までに何度かパニックになったそうだ。

いじめは、小学校低学年のときから高学年まで続いていたそうだ。その後、いじめはないと本人は言っていた。

高校に入ってからもいじめはないそうだ。

しかし時々、影で悪口を言われている気がするとA君は言う。

A君は静かに泣きながら、私にそのことを話してくれた。

今でもいじめられていたときのことがフラッシュバックすることがあるようだ。

A君はとにかく自信がなかった。私は「いかなる理由があろうと、A君をいじめるのはおかしい。A君はちっとも悪くない」と伝えた。

A君は自殺したくなるときがあると言った。A君が亡くなったら、だれが悲しむか尋ねた。A君は両親と言っていた。私は、ご両親がどれだけA君を大事に育ててきたのかを語った。A君はポロポロと泣きながら話を聞いていた。

そういえば以前から、難しい問題を解くときにA君が固まって、ノートをなかなか写さないことがあった。おそらくそのときも静かにパニックを起こしていたのだろうと思った。

A君のことを見ているつもりでまったく見ることができていないのだと痛感した。

## 2　安原昭博ドクターのアドバイス

**①授業の最後にパニックになったのは、「書けた人から終わり」と、書くことが苦手なA君に、教師が時間制限を設けたことが原因の可能性がある。**

私は衝撃を受けた。「書けた人から休み時間」のシステムに私は自信を持っていたからだ。

新採用の頃、荒れた学校で、何の指示も通らなかったときに唯一通せた指示であったからだ。普段、面倒くさがりでノートを写さない生徒も、「書けた人から終わりです」と指示すれば、先生にノートを見せにきた。生徒は先生の指示通りにすると、授業を早く終わることができるからだ。多くの生徒に有効な指導法だと思い込んでいた。

私は時間制限を与えてパニックに陥ることに対して次のように対応していった。

(一) 時間制限を与えて書かせることはしない。

(二) 分からなくてもノートに写させる。

A君は分からない問題があると、考え込んでしまい、ノートが書けなくなってしまっていた。「写すのも勉強だよ。分からなくてもまずノートに写してごらん」と、授業中にA君が考え込みそうになったら、私はA君のそばに行き、何度も声をかけた。

(三) ノートを授業前に開かせ、書く準備をさせる。

A君は、授業開始後ノートを出し、書き始めるまでに時間がかかることがあった。A君はルーズリーフを使っていた。だから、ノートを書きはじめるまでに時間がかかる。書きはじめが遅れると、教師の説明を聞くことができない。よって、どんどん授業から遅れてしまう。悪循環である。

授業開始前にA君の席に行き、ノートを出させ、いつでもノートが書ける準備をさせた。そして、授業で「A君、速い！」と褒めた。

②新聞のコラム欄を視写させて、時間を計ると、ADHDの生徒ならば速く書こうとすることで、字が汚くなってしまう。なぜなら、先生がパワーポイントを用いて授業をするからだ。パワーポイントは情報量が多い。また、写すために十分な時間もなく、次のスライドにいくことが多い。よって、急いで字を書く癖をつけてしまう。だから、ADHDの子どもは大学に行くと字が汚くなる。ADHDの子どもは急いで書くと字が崩れてしまう。A君はたまたまアスペルガー傾向があったから、字は崩れ

**なかったのだ。**
**ADHDの生徒には、時間的プレッシャーがあるなかで、新聞コラム視写はやらせない方がよい。**

このアドバイスは私が思いもしていないアドバイスだった。私は、新聞コラム視写が苦手な生徒全員に有効な方法だと思っていたからだ。

授業のなかでも、速く書くことより、丁寧に書くことを重視するようになった。

**③A君は昔いじめられていた場面がフラッシュバックすることがある。ストレスがフラッシュバックの誘因となるので、ストレスを減らす必要がある。**

A君にとっては、書くことも大きなストレスなのだと思った。

私はA君にとって書くこともストレスだと考えた。手先が不器用なA君、細かい罫線に丁寧に文字を書くことが難しかった。

私は、ノートを書くときに二行を使って書くことをA君に提案した。

A君も書いてみると、二行の方が書きやすいと言っていた。

**④新聞コラム視写をさせるとき、A君に、やるか、やらないかを選択させたことが成功の要因となっている。アスペルガー症候群の子どもには強制させず、選択させるのがよい。その対応が良かった。**

選択させる対応は、こだわりの強い自閉傾向の子どもへの対応として、本で学んだことがあった。

また、学生時代、発達障がいの子どもを持つ家族の余暇支援活動のボランティアで、発達障がいの子どもと対応したときに、大学の先輩からも教えてもらった。その対応が間違っていないことの確認にもなった。

先ほどの二行で書くことを提案したとき、A君に一行で書くか、二行で書くかを選択させた。

**⑤A君は書くことが苦手なので、積極的にキーボードによるタイプを使うとよい。**
**A君はおそらく書字障がいである。**

**キングジムというメーカーから「ポメラ」というタイプによるメモ機器が売られている。検索機能がないものは、大学入試センター試験などの試験でも使用可能である。使用の条件は「授業で使っている」ことである。つまり、数学の授業でA君が使っていて、そのことを先生が証明すれば、大学入試でも使える。**


積極的にタイプを使うという発想はまったく私にはなかった。

よく考えてみると、大人になれば、書くことよりもタイプを使うことが多い。早いうちからキーボードによるタイプに慣れることのメリットは大きい。

しかし、ここで大きな問題が生じた。図や数式はどのようにキーボードで表現させるのか。

このことを相談すると、安原ドクターとの勉強会のなかで、サークル代表に次のアドバイスをいただいた。

「指導法に関しては教師がプロです。もらったアドバイスを元に、指導法を様々に工夫してみてください。それが教師の仕事なのです」

今後の大きな研究テーマを一ついただいた。

次に、私は担任の先生にタイプを使うことを提案した。しかし、ほかの生徒がタイプを使っていない現状で、

A君にだけタイプを使わせることが難しいとのことであった。安原ドクターの勉強会の話や、発達障がい、書字障がいの話をした。しかし、「ルールがないことはできない」の一点張りであった。ほかの先生にも相談したが、高校の現場ではなかなか理解してもらえなかった。

## 3　子どもの変化

A君は、授業開始前からノートを自ら準備するようになっていった。そのことを見つけ、私は毎回褒めた。A君は、喜びはしないが、落ち着いて授業に臨める回数が増えていった。

また、休み時間も次の準備をし、ノートを開いているので、落ち着いて過ごせるようであった。冬になり、生徒がみんなストーブに集まるようになると、A君もストーブ付近でゲームをする場面も見られるようになった。

授業では、授業開始後一番にノートを書きはじめることがほとんどになった。今まで書きはじめるのは遅い方であった。ルーズリーフを準備している間に次の説明をしているという具合であった。A君にとって大きな変化だ。

また、落ち着いてノートを書く場面が増えた。分からなくても淡々とノートを書ける場面が増えた。これまでのA君は、授業中に分からないことがあったとき、考え込み、何も書けなくなっていた。以前と比べ、大きな変化であった。

ノートは二行を使って書くようになり、書きやすくなったようだ。書くときのストレスも減ったようだ。そのこともA君が安定して授業を受けられるようになってきた理由の一つのようである。

安原ドクターからアドバイスもらわなければ、私はA君をずっとパニックにさせていただろうと思う。安原ドクターに感謝である。今後も安原ドクターから発達障がいについて学び、サークルから指導法を学び、少しでも子どもに優しい指導をしていきたい。

**ドクター（安原昭博氏）のコメント**

先生のやり方が彼に合っておらず、パニックやフラッシュバックを起こしてしまいました。パニックにならないためには、成功体験を積み重ねることが必要です。彼ができる課題をさせることが大切です。フラッシュバックはストレスで起こります。彼にとって過度のストレスを感じるような課題を与えることはやめた方がいいです。

書くことが苦手な彼の場合、書く量を減らしてください。補助的なプリントを渡すことも効果的です。小中学生の場合、家にｉＰａｄ等のタブレットで写真を撮り、タッチパネルで動くようにすることをおすすめします。また、高校生の場合、コンピューターを積極的に使うことをおすすめします。

平成二八年四月から障害者差別解消法のなかで、合理的配慮について言及されています。彼に一番合った方法を学校として考え、支援していきましょう。

**監修者のコメント**

一〇歳以上の子どもには、苦手なことをやらせるより、得意なことからはじめ、多くの時間を使うこと。ＩＴ機器などを使うことも積極的に進めましょう。このような子どもたちには、二次元より三次元的に教えた方がよいことがあります。

# 嫌がるひらがなの学習にどう取り組んだのか

## ひらがなの読み書きがほとんどできない児童に「向山型漢字指導」を応用して取り組んだ

熊本市立秋津小学校　野口　澄

### 1　このままでは、ひらがなも書けない！

一年生のT君は、広汎性発達障害と診断されている。奇声を発したり、嫌なことがあると手が出たりしていた。特に学習に取り組もうとせず、国語や算数の時間は大量に紙を持ち込んで、ひたすら絵を描いていた。絵を描くことで落ち着いていたのか、このときは離席がなく席についていることができた。

しかし、「学習内容を習得する」という点ではまったく解決になっていなかった。

また、体育も苦手でやろうとしなかった。

ほかにも様々な苦手なことがあった。まとめると、次のような実態であった。

| | |
|---|---|
| 1　席につくことができない。 | 2　チャイムを守らない。 |
| 3　教科書は出さない。 | 4　興味がないものはしない。 |
| 5　集中力が続かない。 | 6　奇声をあげる。 |
| 7　一六文字（ひらがな）しか読めない。 | 8　ひらがな、カタカナが書けない。 |

9 筆順はぐちゃぐちゃ。
10 問題をやろうとしない。
11 プリントはやらず、やぶく。
12 教えようとすると怒りパニックになる。
13 集団行動が苦手。
14 体育に参加しようとしない。
15 音楽で歌を歌わない。
16 粘土遊びは好きでずっとやっている。
17 なわとびができない。
18 休み時間、友達と遊ばない。

様々な困り感があった。どこから手をつけたらいいか、分からないくらいたくさんのことがあった。

しかし、「学習が習得されていかない」ということが一番の課題と捉えた。

今後、どの教科を学習するにしても、「ひらがな」など文字の読み書きができなければ様々な困難に直面する。

そこで、TOSS熊本が主催する「特別支援対応力セミナー」に参加した。

## 2 山田みどり氏のコメント

先で示したセミナーの講師は山田みどり氏（松橋療育センター）であった。セミナーでは、TOSSの教材の実践が紹介され、どのような点がよいのか、山田氏が解説されたのである。私は文字指導について特に関心を持って聞いた。

山田氏は、教材に対して、次のようにコメントした。

> 通常のドリルではなく、使用方法を守って使うことで、できる子もできない子も点数がとれる仕組みになっている。
> ゆっくり考える子にはゆっくり取り組めるように、そしてできる子どもたちを待たせることなく、一

人一人のペースで進められるように構成されているので、子どもたちが不全感も持ちにくいし、退屈もしないだろう。

さらに言う。

支援の必要な子どもたちだけでなく、支援を必要としない子どもたちにもどちらにも配慮した教材になっている。
ただし、それはこの教材を、決められた使い方で使ったときに効果があると考える。
授業は生き物なので同じ技術を使っても先生の力量に違いが出るが、この教材はどの先生が使っても、使い方さえ守れば、子どもたちに同じような効果を引き出すことがたやすくできる教材ではないだろうか。

コメントで着目したのは次の点である。

使用方法を守って使うこと。

スキルのユースウエアである。通常学級の授業では、「ユースウエア」の効果を実感していた。しかし、特性を合わせ持つ子どもに通用するのだろうか。

文字指導のスキルといえば、漢字スキルである。漢字スキルは、①指書き、②なぞり書き、③うつし書き、の三つのステップをふむ。果たして、三つのステップを通って学習してくれるだろうか。チャレンジすることにした。

## 3　最初の一画を薄く書き、なぞらせることから

T君の特性として、頭ごなしに教えられることを極度に嫌う。できれば、T君自らが学習するようにしたい。

そこで次の方法をとることにした。

**最初の一画を薄く書き、なぞらせる。**

これは受け入れてくれた。だが、一画目だけはいいが、その後はめちゃくちゃな筆順だった。こちらで、「こうだよ」と言っても「自分でする」と言い、受け入れない場合が多い。自分で指書きをしていって、自然と筆順を覚えていくようにしたい。だから、待つことにした。

## 4　とうとう「機」が到来した〜「Tのわざ」

指書きによる「筆順指導」を何とかできないか。そのチャンスがやってきた。実践の様子を日記に残した。そのときの日記である。

本日、T君は鉛筆の裏で、ひらがなスキルの字をなぞった。

これはチャンス。

「T君、鉛筆じゃなく指でやってごらん」

素直に指で行った。

「なるほどね一。T君。最初に指で書けばいいんだ。なるほど。T君の発見だね」

「『Tのわざ』としよう！」

**1　指**
**2　なぞり**

この順序を「Tのわざ」とし、あたかもTが発見したように仕向けた。

T君は、「Tのわざ」が気にいったらしく、その後から指で書こうとしだした。

いったん、方法を取り入れたら、整えていくだけだ。

「T君、一回じゃ覚えないよね。何回くらいする？」

「五回！」

となりで勉強していたK君が「一〇回だよ」とつぶやいた。スキルで私の一〇回ということを覚えていて言ったのである。T君は「一〇回、一〇回！」と言い直した。

「分かった。じゃ、五回から一〇回にしよう」

ここはすぐに引き取らないと、一万回とかすごい数値が出てくる。これで受け入れさせるレールは引いたことになる。


**「Tのわざ」**
**1　指書き（五回から一〇回）**
**2　なぞり書き**

### 3　うつし書き

この文章をパソコンで書き、プリントアウトし、T君の机にはった。連絡帳で、保護者に知らせ、「Tのわざ」で家庭でもやってもらうように頼んだ。次の日はどうだったのだろうか。以下、私の書いた日記を示す。

| |
|---|
| 1　指書き |
| 2　なぞり書き |
| 3　うつし書き |

というステップを「T君のわざ」と名づけていた。T君は覚えていて、ひらがなスキルをするときに「わざを書いて」と私に頼んだ。覚えていたことを褒めに褒めて、スキル学習をすすめた。

「T君が発見したわざだよ」と何度も繰り返し気分をよくさせた。

指書き五回もすんなりと受け入れ、これまでで一番よい緊張感のなかで学習ができた。筆順も間違いが少なくなっていた。筆順を指書きさせるには、やはりスキルがいい。実感する。

「指書き」を自然に受け入れるように、「Tのわざ」と名づけ、学習させることに成功した。そして、山田氏の言う「使い方」を教えていった。T君は自分で発見し自分で決めたことなので、この方法で学習するようになった。

## 5　ひらがなの読み書き〜九八%の習得率

ユースウエア（使い方）を忠実にやりはじめてから、急速に文字を習得していった。

三ヶ月の実践で次の変容がうまれた。

| |
|---|
| （三ヶ月前の実態）<br>ひらがなの読み（一六文字）<br>ひらがなの書き（〇文字）<br>↓<br>ひらがなの読み書き　九八%できる<br>カタカナ読み書き　九八%できる<br>漢字の読み　八〇%<br>漢字の書き　六〇% |

T君はできるようになるほど、書くことが好きになっていった。「うつしまるくん」（視写教材）にも集中して取り組むようになった。

大きな変化は「ノートに書く」ようになったことである。紙に絵を描いていた状態から、ノートに文字を書くようになったことは大きな変化である。ノートを一冊使い切ったときは「一冊使った！」とすごく喜んだ。ノートは「達成感」が生じるのである。

三ヶ月後、私の実感をこめて記録した文章である。

一年生のT君の状態がきわめて良好になってきた。

すべての時間で落ち着いて学校生活をおくっている。

一時間目の今月の歌。変化したことが二つある。（一）歌詞を読もうとする。（二）歌おうとする。

大きく拡大した歌詞がある。それを見ながら「読む」のである。これまで「読めなかった」ことがT君のストレスになっていたのだと思った。だから、歌おうとしないし、歌う気力もない。勉強も読めないから分からない。だから、やる気がない。絵を書いて時間をつぶすしかなかった。こう考えると「読める」ということが、どれだけ子どもにとってうれしいことか、どれだけ大事なことかを実感する。

ひらがなの読み書きが九〇％を超えたときから急速に情緒も安定してきたことからも分かる。今週は、私の指示が一〇〇％入った。これまでは「しない」「したくない」ということを言うこともあったが、まったくなかった。よい状態の人間関係ができつつある証拠である。これを築いたのは、毎時間毎時間、花丸や○をつけ、達成感を与えつづけたことによる自信だと思う。

自己肯定感だ。

**監修者のコメント**
違う感覚で字を練習すること。字を指でなぞる、空中に書くなど、多感覚を使って覚えていきます。

# 「医師の見方」を獲得して私の指導は変化した

## 「書くこと」が特に苦手な児童への対応

東京都公立小学校　近江利江

宮尾益知ドクターとの研究会に初期のメンバーとして参加することができた。

どうしても困ったら、宮尾先生に聞くことができる、こう思えるだけでも教師として心の安心感、支えとなってこれまで教師を続けてこられたのだと思う。端的に言えば、ホームドクターが近くにいる、こういう感覚だった。自分のクラスのことだけでなく、これまで学年や校内で悩んでいることについても症例レポートとして、相談してきた。宮尾ドクターからは、医師としての視点で判断してもらったり、逆に教師の我々にも直球で質問されて、たじろいだことも多数あった。教師として、人として足りない部分を痛感させられた。

以下、どのようにアドバイスをもらい、対応していき、どのように児童が変容していったかを記す。

「書く」ことが苦手な発達障害のある児童（男児・三年生）の事例である。

担任をする前年度に、研究授業で見に行ったときには、大勢の人がいるにもかかわらず、教室の床に堂々と寝そべっていた。「帰りたい、帰りたい」と大きな声を出していた児童だった。

### 1　よく気がつき、よく動く。褒めることで、ぐんと自己有用感を高める

三年生で担任をしたときに、まずはこの児童を思い切り褒めて、集団生活のなかでの居場所をつくってあげたいと強く意識していた。クラス替えもあり、担任の先生も変わり、新学期は本当に変化の激しい時期であるから

こそだ。

「すごい、○○さんはそうじが上手だねえ」

「おそうじ名人に認定します。クラスで一番だよ」

周囲の児童たちからも「本当にすごい！」と賞賛されていた。と同時に、授業中でも気がつくとゴミなどを拾っていることもあった。褒めつつも今の時間にやることでなく、休み時間、帰りの時間にやってねと明るく伝えて指導をしていった。

## 2　簡単なルールのある遊びやゲームができる「五色百人一首」「名句百選かるた」への取り組み

休み時間は、ドッジボールやバスケットボールなどボールゲームを好んでやっていた。

ルールのある遊びを楽しんですることができる。ネット型でなく人と交わってコート内を動き回るゲームができる。

そこで、国語の授業の最初は必ず五色百人一首や名句百選かるたを行うようにした。覚えられるようになるまでは、毎回毎回励ましたり、読むときは、視線の動きまでも注意して見てタイミングよく得意札を取れたりするようにした。特に、名句百選かるたは素晴らしいイラストがついているので、覚えるスピードが百人一首よりもかなり速かったのは事実だった。

しかし授業中は、新学期はノートをとることもがんばっていたが、次第にノートを出すことさえも嫌がるようになっていった。

## 3　発達検査の読み取りでの最大のポイントは所見にあった

自分の子どものことをすべて受け入れられるご両親だった。

「何が得意か不得意かを見極め、それらを学校の現場で活かせるように発達検査を受けてほしい」と伝えると、すぐさま予約をして受けてきてくださった。その結果の読み取り方を、宮尾ドクター研究会で教えてもらった。

**発達検査の読み取りで、大切なところはこの所見（検査時の様子）のところです。ここがしっかりと書かれているほどよい検査なのです。**

どうも教育現場では、診断名やＩＱがいくつか、などとそちらに目がいきがちだった。しかしそうではないのだ。その後、校内委員会などでほかの児童の発達検査の読み取りもするが所見の大切さを周囲の教員たちにも伝えている。

例えば、

**「読みの検査」では読み飛ばしが多く、難しくなると荒い呼吸となった。**

これは所見の一部を抜粋したものだ。宮尾ドクターからは、

**読むことが苦手な児童にとって、書くということはもっともっと困難なことなのです。だから、音声を文字化してくれる機械を使ったり、ｉＰａｄなどで黒板の文字をすべて写真に撮るなどしてＩＴの力を活用していけばよいのです。**

と告げられた。たしかに、国語の音読なども宿題では母親が読み聞かせをしているということを聞いていた。そして授業中も担任と一緒に読むことも多かった。

私はノートに書かせることに必死だった。きっと彼をますます追い込んでいたのだ。ものすごく高い要求をしていたのだ。本当に申し訳なかった。

例えば上の写真は「田中さん」と書いたのだが、「田」の三画目が突き抜けている。また、下の写真は「岡山県」と書いているのだが、きっと「岡」という文字は「同」という文字と同じだと認識しているのだろう。ほかにも野原の「野」が、理科の「理」となっている場合もあったのだ。

宮尾ドクターからは、

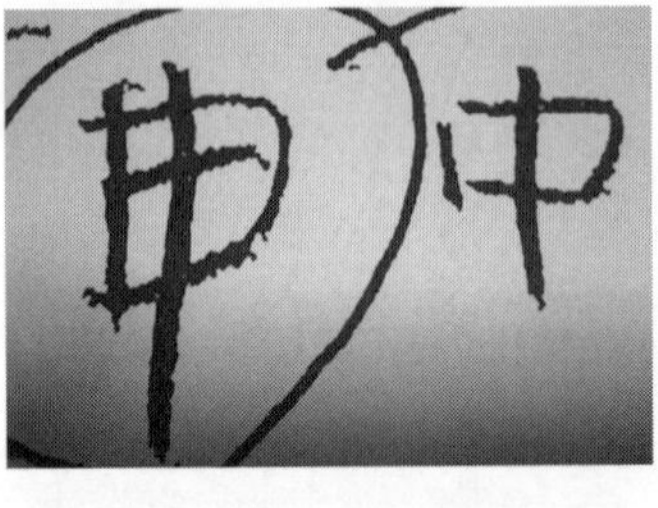

**漢字の成り立ちについて教えてあげるとよい。**

とアドバイスがあった。

「田」の場合だったらば、「田んぼはこのようにしっかりと区切られていて……などと説明してあげると、その文字を書くときにその意味も一緒に記憶から出てくるというのだ。もちろん、すべての漢字をそのように指導することは難しいが、小学校四年生に習うまでの漢字や、生活のなかでこれから使っていく漢字については説明できるものも少なくない。やはり、漢字は絵やイラストのように、その児童の頭には入っているのだ。へんやつくりというパーツでできているという認識はきわめて少ない。私たちはある程度この漢字は、あの漢字のこの部首が同じだからと組み合わせて覚えることが多いが、漢字が苦手、書くことが苦手な人にとっては、一つ一つが新しい文字なのだ。

だからこそ、私たちが覚えやすいようにガイドしてあげるべきなのだ。

## 4　学び方を伝える

様々な考え方はあるだろうが、私自身は宮尾ドクターに教えてもらうことで、次のことはクラス全員がしてよいことだと伝えている。学校は学びにくる所でもある。毎日がテストではない。テストのときだって覚える最大のチャンスなのだからだ。

> **「かけ算九九下敷き」を見てよい。**
> **漢字テストなど、いくら考えても分からないものはドリルを写してもよい。**
> **計算で分からなくなったら、計算機を使ってよい。**

ノートを書くことが苦手であっても、彼は発言力がある。だから授業には、発言をすることで参加することができている。視力の悪い人が、めがねをかけること、コンタクトレンズをつけることが当たり前の時代になっている。学習することが苦手な児童にとって、周囲がガイドしていくことで自然な教室をつくりあげていきたい。

**ドクター（宮尾益知氏）のコメント**

読み・書きは、文字と音の結びつきに問題があれば、単語全体で覚えさせることが有用です。教科書の文に出てくる単語についてすべてわかるようにあらかじめ予習をします。漢字は部首の概念と組み合わせながら、象形文字としてのイラストなどで成り立ちを教えながら形を覚えさせます。

**監修者のコメント**

学習は色々な教材や機器を使って、頭のなかに刻み込む。そうできれば、補助的な方法をどんどん減らしていくといった引き算で行います。たくさんのサポートで、多感覚で覚えやすくしていきます。

# 書きの困難を抱えたT君が変わった

## スモールステップで低いハードルを積み重ね、達成感や自尊感情を高める

島根県海士町教育委員会指導主事　坂田幸義

### 1　字形が捉えられないT君

二年生になり、私が担任になってまずしたことは、一年生のときの復習テストだった。T君の漢字の結果は散々だった。書けた箇所よりも書けなかった箇所の方がはるかに多かった。また、書けたとしても普通の基準で採点すれば×になってしまう漢字ばかりだった。惜しいけれどすべて間違いだった。

彼の困難の一つ目がこれだった。

**字形の認知の弱さ。**

大まかに捉えることはできても細部には注意が向かなかった。

### 2　筆順がデタラメなT君

さらにダメだったのが筆順だった。例えば、木という漢字の三画目を右払いから書いてしまっていた。

漢字の筆順の基本である左から右へ、という原則がまったく身についていなかった。間違いを指摘すると、今

度は自分で適当な書き順で書いて場をとりつくろおうとした。「へん」と「つくり」の、つくりの部分から書いてしまってもまるで平気だった。
彼の困難の二つ目がこれだった。

**場当たり的な筆順の習得。**

## 3 学び方が身についていないT君

T君はとても不器用だった。写真は、彼の鉛筆の握り方だ。正しい持ち方にはほど遠い持ち方だった。微細運動ができないので、指や手首の関節で調整しながら文字を書くことができない。書く苦労は大変なものだ。
四月に出会い、T君との学習を進めるにつれて、T君の気持ちが分かってきた。

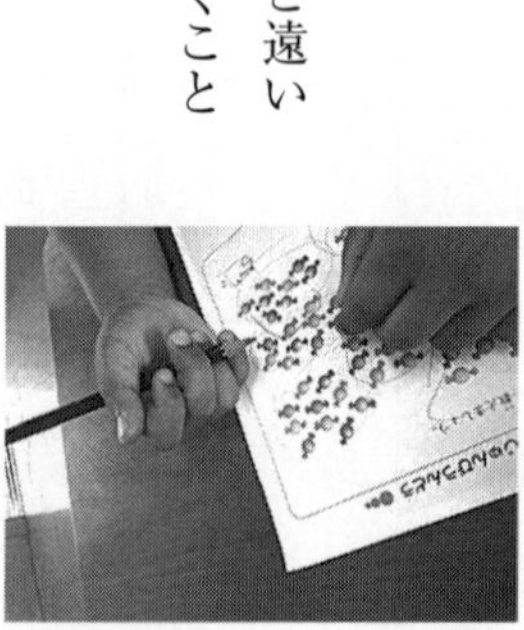

**とにかくお手本の漢字と似た漢字を書き上げてしまって、書きの苦労からおさらばしたい。**

書き順などに気を配ってはいられないのだ。つまりT君は、結果がよければよいという誤学習を繰り返してきたのだ。結果を求めるという誤学習は、T君の漢字以外のあらゆる学習場面でも見られた。
困難の三つ目である。

**正しい学び方が身についていない。**

漢字以外の学習を含め、正しい学び方を身につけさせる必要があった。

## 4　T君の自尊感情の低さが一番の問題

T君は「自分はできない」と思い込み、自信をなくしていた。実際、漢字は書けないし、国語の教科書もすら読むことができなかった。教室での一斉読みのときは口パクでごまかしていた。

一方で、強みも持っていた。漢字は苦手だったが、筆順を覚えるときは「あかねこ漢字スキル」の筆順を熱心に見ていた。継時処理の方を得意としていた。

また、書いて表現することはダメだったが話し言葉は豊富だった。教科書は自分で読むことができなくても、友達の音読を聞いてかなりの部分を覚えてしまっていた。気分がいいと鼻歌を歌ったり、自作のラップをラッパーのような身振り手振りで勝手に歌ったりしていた。

**耳がいい。**

この強みを活かさない手はない。強みを大切にしながらT君をできるようにさせ、自尊感情を高めていくことが私の大きな仕事になった。

## 5　神田貴行ドクターからもらった二つのキーワード

私が代表を務めるTOSS松江では、平成二四年二月から小児科医の神田《こうだ》貴行ドクター（社会福祉法人つわぶき　やましろクリニック院長、医学博士、日本小児科学会専門医）と出会い、連携して発達障害の学習を行ってきた。

平成二四年三月の例会で、神田ドクターは次のように話した。

**スモールステップで低いハードルを積み重ね、達成感や自尊感情を高めていくことが大事です。**

ドクターには「自尊感情を保つ・高める」診療という理念があり、TOSS指導法と思想が一致していた。ドクターが示した二つのキーワードはそのまま、四月に出会ったT君への指導の方針にもなった。

**①スモールステップ。**
**②達成感と自尊感情の育成と向上。**

## 6　正しい鉛筆の持ち方を教える

写真の子が鉛筆に付けているのは、せんたくばさみだ。せんたくばさみのとがった先を上に向けて開いて鉛筆にはさみ、それを包み込むように握ると、自然に正しい鉛筆の持ち方になる。

大切なことは、せんたくばさみをT君にだけ要求しないことだ。学級の子どもたちの鉛筆の持ち方を見ると、正しく持てない子が何人もいた。そこで、せんたくばさみを子どもの人数分購入し、全員で正しい持ち方を身につけることにした。

学級の子どもたち全員に趣旨説明をした。

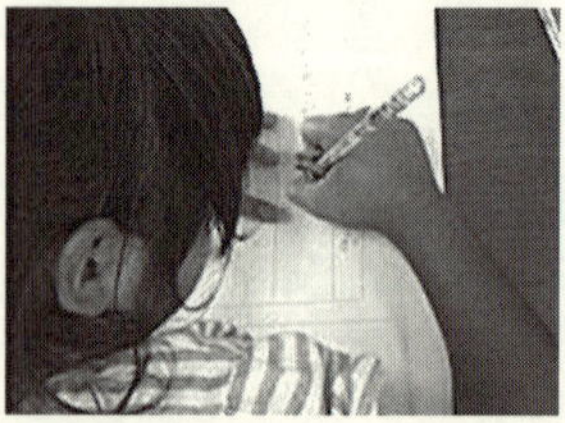

「低学年の間に正しい鉛筆の持ち方を身につけましょうね。慣れないうちは少し大変だけどがんばりましょう。正しく持てている人はもっと上手になりますから、一緒に挑戦してね」

**全員への支援にT君への支援を紛れ込ませる。**

一人の子への支援が学級全員への支援となっていることが大切なのである。

もう一つ配慮したことがある。

**せんたくばさみを使った持ち方指導は、週に一回のみ。**

週に一時間の書写の時間だけ、せんたくばさみを使った。毎時間せんたくばさみを使った正しい持ち方を求められたのでは、T君は本当に書くことが嫌いになってしまうだろう。大切なのは、正しい持ち方を教え、そのイメージを持たせることなのだ。持ち方を強要することではない。

## 7　毎日、一年生の漢字を三つずつ空書きする

簡単な帰りの会を終えると、T君と毎日、一年生で習った漢字を三字ずつ、空書きで復習をした。

①私が黒板に書く。
②その筆順をT君が見る。
③一緒に空書きをする。
④T君一人で空書きをする。

神田ドクターに教わった通りスモールステップで、さらにはT君の継時処理の強みを活かして復習をした。一日に三字ならばT君には可能だった。しかも、帰り間際だからがんばればすぐにさようならだ。休み時間にT君だけにやらせたのでは、彼の自尊感情はズタズタだろう。この復習を通して、筆順の基本（左から右へ等）を押さえ直した。

## 8　漢字の宿題は赤鉛筆指導とセットで

学級の子全員に漢字練習を宿題に出すことがあった。T君へは、まずは私がノートに赤鉛筆で三回、薄く書いてあげた。T君は家でそれをなぞり、あと二回は自分で書いた。T君は自分だけで五回書くことはできない。しかし、三回なぞることで自分でもできるという気持ちになれたのだろう。一年生のときは漢字の宿題をほとんどやってこないT君だったが、二年生では漢字の宿題を提出できるようになった。

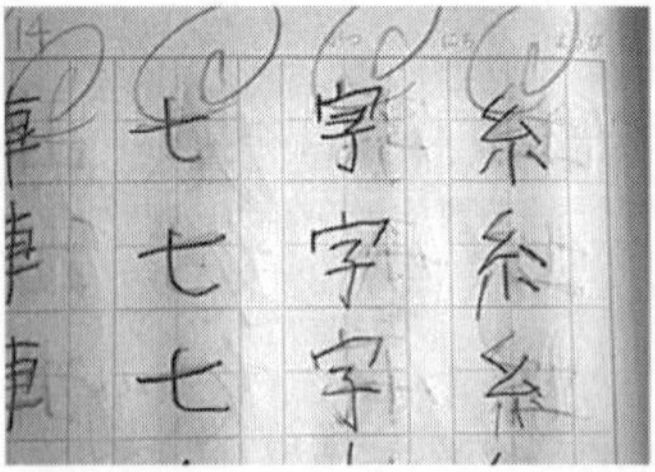

## 9　瀬島斉ドクターの診断

平成二四年六月に第二回島根連携セミナーが開催された。瀬島斉ドクター（松江赤十字病院小児科部部長）がメイン講師。

その席で、私はT君への支援について実践発表を行った。セミナーのなかで、実践を瀬島ドクターに評価していただけたことは幸いだった。

しかし、最も収穫があったのは、セミナーの休憩時間に瀬島ドクターと交わした会話だった。

私の発表を聞いた瀬島ドクターはこう言われた。

**先生、あの子はＬＤですね。**

もちろん、正式な読み取りではないことはドクターも前置きされた。しかし、「ＬＤの疑い」という判断を得たことは大きかった。それまでの私は、その部分に自信が持てなかった。勝手にラップを歌うなど落ち着かない動作も目についたので、彼の示す様々な特性のなかで、どの支援を中心に据えればよいかの迷いが日々あったのだ。

しかし、ドクターに「ＬＤの疑い」と言ってもらったおかげで、以後の方針をはっきりさせることができた。

## 10　ＬＤ支援を中心に動き出す（タブレットＰＣ）

神田ドクター、瀬島ドクター両氏からの示唆で、方針が定まった。

**①スモールステップ。**
**②達成感と自尊感情の育成と向上。**
**③ＬＤ支援を中心に据える。**

以後、Ｔ君の漢字指導を改善した。

**タブレットＰＣの導入。**

私個人のタブレットに漢字の筆順アプリを入れて、Ｔ君にやらせてみた。画面に指で漢字を書く。書き順が違うと文字の色が変わり、間違いを教えてくれる。分からなければ画面上で正しい筆順を確認することができる。微細運動が苦手で、継時処理に強みがあるT君にはとてもよい方法だった。鉛筆を持たなくてよいし、自分の筆順の間違いに視覚を通して気づくことができた。

放課後の三つずつの空書きをタブレット学習に変え、これも一年生の漢字から、毎日三つずつ、二年生が終了するまで、ほぼ毎日繰り返した。

## 11　ＬＤ支援を中心に動き出す（宿題）

宿題の出し方も変えた。それまでは二年生のほかの子と同じ内容、同じ量の宿題を出していた。後から考えれば、T君にとって「苦痛」だったと心から申し訳なく思う。しかし、心のどこかでは「T君の怠け癖」のせいではないかという考えも捨てきれなかったのだ。そのような迷いが、瀬島ドクターの「ＬＤの疑い」という一言で消えていった。方針を決めた。

**①T君には量を減らす。**
**②どの部分をやるのかを自己決定させる。**

T君にだけ別の宿題を出すことはしなかった。T君の自尊感情を下げてしまうからだ。

そのかわり、みんなと同じ宿題のプリントを広げて、T君と相談してどの部分をやるのかを決めさせた。漢字ならば画数が少なく、書けそうな字を選ばせた。音読ならばお話全部を読むことは求めず、何ページを読むかを決めさせた。T君に、この方法は有効だった。自分が決めたことだからか、宿題の提出が続くようになった。

## 12　褒めて、褒めて、褒めまくる

二年生の終わりになって、T君の姿がよい方向に変わっていくのが分かった。神田ドクターとの学習会で、ドクターからアドバイスをもらったことが大きい。

**いいこと探しをする。褒めて褒めて褒めまくる覚悟を持つ。**

この頃の私は、「T君の怠け癖」などという考えはすっかり無くなっていた。授業中、たまたまだがT君の鉛筆の持ち方が良かったときはこう言った。

「鉛筆の持ち方がいいなあ。T君」

本当に、たまたま良かっただけである。以前の私なら、できていないことを伝えるために「T君！」と声をかけてしまっていただろう。褒める大切さは分かっていたが、「覚悟」が足りなかったのだ。

## 13　二年生の漢字まとめテストで七六点！

二年生の終わり、T君は宿題が提出できるようになった。また漢字も基本的な筆順の原則を踏まえて書くことができるようになりつつあった（まだまだ十分とは言えなかったが……）。

それでもT君は、二年生漢字のまとめテストで、なんと七六点をとった。快挙であった！

写真はその一部である。まだまだぎこちなさは残るが、画数が多くて難しい字をT君な

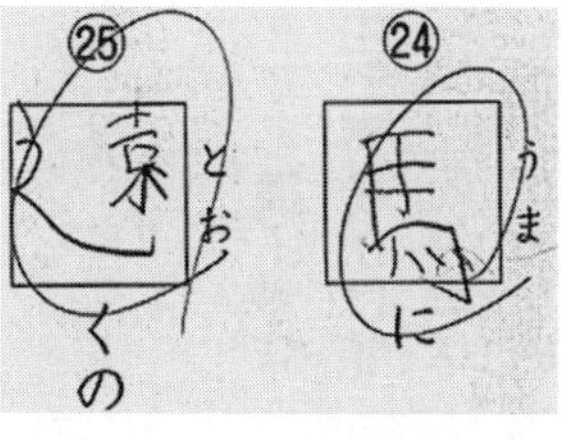

りに正しく書いていることが分かる。
二年生の終わり近くになって、うれしいことがあった。T君の母親より手紙をいただいたのだ。紹介する。

Tが学校でTなりにがんばっていることが分かります。帰ってきてからなかなか宿題をする様子がなかったのに、自分からやりはじめることができるようになりました。いつ頃からか、途中で声をかけず見守ることにしました。漢字でも算数でもいつも「分からない」から始めるのに、この頃出る言葉は「終わったよ」です。「本当に終わったの?」と聞くと「楽勝だった!」とうれしそうでした。Tのために色々と考え、時間をつくってくださり指導してもらっているので、Tのなかで何かが変わってきているのではないかと思います。本当にありがたく、感謝しております。

T君への支援の節目節目に、ドクターからの適切なアドバイスをいただけたおかげである。

**ドクター(神田貴行氏)のコメント**

字形が捉えられない子どもたちに具体的にはどのように対応していくか、その一例として本報告は参考になると思います。
まず本人の強みと弱みを把握し、次に強みを活かし、弱みを補って、シンプル、スモールステップで共感的理解のもとで自己決定を促し、その過程や結果を褒めて自尊心を高めるという方法は、この一例に限らず、多くの場面で役立つでしょう。
今回のようにT君のみ宿題を減らしたりするのは不公平だ、と考える方もおられるかと思います。しかしLDなど病気で困っている子どもに健常児と同じ条件で同じことをさせることこそ不平等です。近視の子どもが眼鏡をかけて、近視ではない子どもと同じテストを受けるのは不平等だ、と言う人はおそらくいないでしょう。

教師の方々にはハンディキャップのある人が堂々と支援を受け入れ、健常児と助け合いながら、共に成長する社会をつくることの重要性を、将来の日本を支える子どもたちに教えてあげてほしいと思います。

# 第4章

# 不登校児を指導する

# 不登校傾向の子への対応

## 安定して登校できるようになるまでをサポートする

神奈川県公立小学校　森本麻美

不登校傾向の子に登校を促した方がよいのか、本人や家族の心理的負担を考え、登校刺激を控えた方がよいのか。

その子の抱えている様々な状況により、きっと対応は異なるのであろう。

以前、私が受け持ったA君（四年男児）への対応について、私は前者をとった。

しかし、これでよいのか迷いがあり宮尾益知ドクターへ相談した。

宮尾ドクターからは、

「（今回のケースに関しては）これでよい（登校刺激を行ってもよい）」

とのゴーサインをいただいた。これで私の迷いはなくなった。

A君は月三～四回の欠席は続いたが、完全な不登校にはならずに三月を迎え、進級した。あのとき、学校側がA君への登校刺激をやめていたら、A君はもしかしたら学校に来なくなっていたかもしれない。

以下、宮尾ドクターからのアドバイスとA君の経過を記す。

### 1　学校に来ない日が次々に増えていった

前年度の三月に、前担任から引き継いだ内容は次の通り。

**三月に両親が離婚し、自宅からすぐ近くのアパートに母子で引っ越した。その日から一週間、学校を休んでいる。**

指導要録の出欠日数を確認したところ、A君は一年生の頃から年数回の欠席があるものの、それほど目立つものではなかった。お母さんの話によると、時々、朝、お腹が痛くなり学校を休むことがあったとのこと。

新学期、A君の登校は順調に見えた。友達関係も良好であった。

しかし、それは六月までであった。

【三年】

三月　欠席七日

【四年】

四月　欠席二日

五月　欠席三日

六月　欠席三日、水痘五日

六月にA君は水痘にかかり、一週間、欠席した。

それを境に、A君は水痘が治り医師からの登校許可がおりた後も、学校に来られなくなったのである。

家に電話をし、お母さんに家庭訪問する旨を伝えた。A君は、担任が家に来ると知ったとたんに、布団にくるまったそうだ。

家を訪ねたときも、うずくまって顔をふせたままだった。
この日から私はA君の家に家庭訪問をするようになった。朝、A君を迎えに行き、A君と一緒に家を出るようにした。
この時点で私は宮尾ドクターに相談をした。

## 2　ドクターが最初に言ったこと

ドクターが最初に言ったことは次の一点。

**先生（担任）が迎えに行って、待っているときのA君はどんな様子ですか。**

（森本）「仕方がないなあと諦めたように、（登校の）支度をします。少しうれしそうな顔をしています」

**悪くはないですね。この子は構ってほしいんだと思います。ある程度の働きかけをして、朝起きる習慣をつける必要があります。**

登校刺激を続けてもよいとのこと。方向性は決まった。

## 3　とにかく続けた登校刺激

そこからは、ほぼ毎日、朝の家庭訪問を続けた。当時の記録より引用する。

六月二七日（水）
朝、A君の家庭訪問をした。A君は、布団をかぶって出てこなかった。
お母さんの仕事が休みのため、後でお母さんが学校に送って来てくださることになった。

A君は昼を過ぎても来ない。昼休みに、もう一度、家庭訪問した。

私が行ったとたんに、A君は布団にうずくまって動かなくなってしまった。

その後、トイレに少しこもった後、A君は「学校モード」にスイッチが入った。

学校に着いたとき、校庭ではクラスの子たちがドロケイ（クラス遊びの一つ）をやっているところだった。

チャイムが鳴るまでのほんの五分ぐらいだったが、一緒に遊んだ。

六月二八日（木）
朝、八時前にA君宅を訪問した。
「寝ていて起きないです」
と、お母さんが言う。
あがらせてもらって、A君を起こした。
服を着て、朝ご飯を食べるところまで見て、私は先に学校へ戻った。

ところが、やはりA君は来なかった。たまたま一時間目が空き時間だったので、またA君宅を訪ねた。

ちょうど家の前では、お母さんが仕事に向かうところだった。

「Aはお腹が痛いと言っている」と言う。

A君は朝ごはんを半分残して、布団にうずくまっていた。
だが、その後すぐに支度をして、家を出た。
登校後は、いつも通り元気に過ごす。

六月二九日（金）
七時四〇分頃、A君の家のチャイムを鳴らす。
出てきたのはA君だった。
A君の顔を見て、「今日は大丈夫」だと思った。
A君は、登校時間に普通に学校に来た。

A君は今日もなぜか季節外れのフリースを着ている。
フードがついているから安心なのか、登校のときはフードをかぶっている。
教室ではフリースを脱いでいる。

七月二日（月）
七時二〇分頃、家庭訪問をするが、チャイムを鳴らしても出てこなかった。
八時頃、再度訪問。
今度はお母さんが出てきた。「Aは起きない」と言う。
中休みにもう一度、伺うことになった。
布団にうずくまっているA君に声をかけて、立たせると、A君はにこにこしていた。

自分でランドセル背負い、手提げを持って家を出た（三時間目から登校）。

七月三日（火）
七時四五分頃、家庭訪問。A君が元気に出てきた。
朝ご飯を食べていたところだと言う。
A君は通常通り、登校してきた。

七月四日（水）

七時四五分頃、家庭訪問。

起きている様子はうかがえたが、チャイムを押しても出てこなかった。

八時頃、再び家庭訪問。

お母さんが出てきた。

A君はトイレにこもっていて会えず。

お母さんの仕事が休みなので、「連れて行きます」とのこと。

私は、お母さんが休みなら、お母さんと一緒にいる方がいいのかもしれないと思い、そのまま了承した。

七月五日（木）
七時四五分頃、家庭訪問。
A君は起きていた。挨拶だけして、私は先に学校へ戻った。
しかし、一時間目が始まってもA君は来ないので、迎えに行く。

A君はすぐに支度をして学校へ来た。

## 4 「朝、起きる」とはどういうことか

担任が迎えに行き、少しの手間ひまをかけることで、A君は学校に来ることができた。ところが夏休みが明けた後に、いったん状況は悪くなった。A君は朝、これまでより長い時間、トイレにこもるようになった。また、登校の時間が近づいても布団から出られないことも多くなった。このとき、私にとって励みになったのが宮尾ドクターの次の言葉だ。

> たたき起こすということも大事。
> 人は本来、日が昇ったときに起きて、日が沈むときに眠るもの。人間の体内時計から見たら、それが自然なこと。
> 朝、起きられないのなら、「起きる」ということがどういうことなのか、細かく分けて教える必要がある。

朝になるとカーテンを開けて外の光を入れ、布団から立たせて、服を着替えさせ、顔を洗わせる。そして、朝ご飯を食べさせる。多少強引にでもこれを続けると、三週間も経たないうちに、A君の調子はよくなってきた。

九月二五日（火）

八時頃、家庭訪問。お母さんが出られた。「今日は大丈夫そうです。トイレで鼻歌を歌っています」とのこと。A君は通常通りに登校。

九月二六日（水）～二八日（金）
お迎えなし。A君は通常通り登校した。

A君が変わってきた。迎えに行くと、「あと靴下をはくだけなので、先に行っていてください」と言われるようになった。A君は言った通り、一人で登校してきた。

次第に調子がよくなってきたため、迎えに行く時間を遅くした。A君が起きる時間ではなく、A君が学校を出る時間に担任が迎えに行くようにした。A君はすでに身支度を整え、家を出る準備ができているようになっていた。そのうちの何回かは、私が迎えに行った時には、すでにA君が家を出た後であることが増え、一〇月にはもうまったく迎えに行く必要はなくなった。夏休み明けの九月が一番大変な時期ではあったが、九月の欠席日数はゼロである。

①布団から出ること。
②服を着替えること。
③顔を洗うこと。
④朝ご飯を食べること。

これらのことを一つ一つ手をかけて教える。できて当たり前のことと思ってはいけないことを学んだ。

## 5 「積極的に休む日」を提案する

A君の登校が軌道に乗りはじめた。

今度は、学校を休むことをマイナスに捉えないように、「積極的に休む日をつくろう」とA君に提案した。最初から、「この日は休む」と決めておく。これも宮尾ドクターとの学習会で学んだことである。

休んだことでA君の気持ちが落ちることのないように、「堂々と休む日」をつくるのだ。それも、お母さんの仕事が休みの日がよいのではないかと思い、A君とA君のお母さんに相談した。

この提案にA君もお母さんもびっくりしたようだった。よい案だと思ったが、意外にもそのときのA君には、必要ではなかったようだ。

学校に来た日は、放課後に友達と遊ぶことができる。反対に学校を休んだ日は、放課後も友達と遊べないと思っていたらしい。A君の当時の一番の楽しみは、放課後に友達と遊ぶことだった。「積極的に休む日」については今後必要になったときにつくるということで見送りにしたが、三月まで出番はなかった。

不登校になる前に、A君の家庭に入り、朝の家庭訪問を続けることができたのは、宮尾ドクターからの言葉が支えとなったからである。

そして、

## お母さんを褒めてあげてくださいね。

宮尾ドクターがたびたび口にされるこの言葉。仕事に、子育てに、がんばっているお母さん（家庭）を応援すること。A君のケースでも同じように教わり、家庭訪問の際には、私も絶えずそのことを意識してきた。

家庭訪問を重ねること自体がお母さんの子育てを応援することにつながっていたとも言えるだろう。この経験から、不登校児への対応として、以下の三点がとりわけ大切であることを実感している。

①担任（学校）が、お母さん（家庭）との関係を築くこと。
②お母さんが、担任の家庭訪問（登校刺激）を拒否しないこと。
③お母さんと先生が一緒に考えてやっている姿を子どもに見せること。

朝、多少無理にでもA君を起こしつづけたように、お母さんと担任がA君に対し、同じ対応をしたことは大きかったと思う。

今回に限らず、

「あなたのことを気にかけている」

というメッセージを送り続け、必要であれば家庭に足を運び、家庭と一緒に乗り越えていく姿勢を大切にしていきたい。

**ドクター（宮尾益知氏）のコメント**

不登校の子どもについて考えてみましょう。目がさめて、布団から出て、着替えてといった日常生活の段取りをきちんと教えてあげないとできない子どもがいます。睡眠リズムの問題なのか、体が起きないことの問題なのか、それとも気持ちの問題なのかで、登校刺激は変わってきます。昔の根性論は今の子どもには通じません。

# 第II部

# システム・シェアで子どもを支える

# 第5章

# 就学時検診を見直し、早期発見・早期対応システムをつくる

# 医療および関係機関と連携し、現場の教育改革を推し進める

専門医や専門家の協力を得て、就学時健診の改革から
学校での早期発見・早期対応システムづくり、個別の支援まで

埼玉県熊谷市立奈良中学校　長谷川博之

## 1　就学時健診の改善策を考える学習会を開催する

二〇一〇年七月一九日、専門医として埼玉の就学時健診に携わる平岩幹男氏を招いた緊急の学習会を開催した。全国から七〇名を超えるTOSSの有志が集った。

学習会のテーマを「就学時健診」にしたのには意味がある。就学時健診は我々教師が、学校が、発達障害の子どもたちに関わることのできる初めての機会なのである。我々の努力で「変革」できるものなのだ。

私はMLとSNSを活用し、全国各地五〇〇を超える小学校の就学時健診の実態調査を行った。以下の各項目について、である。

1　発達障害の対応があるかないか。
2　発見の検査は何か。具体的に。

3　そのときの保護者への対応はどんなものか。具体的に。
4　入学してすぐの学校の方針はどんなものか。
5　入学するときの担任の対応は。教室経営・教材教具の吟味など。
6　その後の学校としての継続的対応システムはあるか。
7　このようなことに関する過去の職員会議などの記録はあるか。

調査全体を貫くテーマは、

【就学児健診で発達障害の子どもを発見できるのか】
【発見後の対応（子どもへの対応、保護者への対応など）のシステムは具体的にあるのか、ないのか】

の二点であった。

担当者が述べた言葉まで、あるいは保護者の言葉まで、実例に即して具体的に報告してもらった。

例えば、「教育委員会（以下、教委）と学校が行う」は抽象的である。

（1）教委から文書で依頼があるのか。それとも口頭か。
　どんな文書か（添付依頼）。口頭ならば、どんな依頼か。

（2）健診を行う教員の「研修」はあるのか、ないのか。
「ある」ならば、いつ、何を、どれくらい研修するのか。
「ない」としたら、だれが、どんな権限で行うのか。行う「立場」は決まっているのか。それとも「その年の一年担任」のように流動的なのか。

このように、突っ込んで調べてもらったのである。

結果、特別支援教育を進める上で、この健診をどう機能させるかがきわめて重要であるにもかかわらず、九割を超える学校の調査は「適切」ではないことが分かった。発達障害の疑いのある子どもを発見する調査として不十分、その後のシステムもなしという回答がほとんどを占めたのである。

次のことも明らかになった。

**健診のシステムが市町村によってばらばらであるため、発達障害児の早期発見・早期対応を保障できない。**

例えば健診の場所だ。小学校で行うところもあれば、保育園で終えてしまうところもある。後者の場合、その情報は引き継ぎでしか伝わらない。その引き継ぎも、文書のところもあり、口頭で済ますところもある。とにかくまちまちなのである。

## 2 健診の課題を専門医が語る

学習会で、平岩氏は次の七点を指摘した。

（1）集団を相手に、半日で判定ができるのか。分からないことが多い。

（2）発達障害児は「非日常」に強く、就学時健診のときにはしばしば障害を見せない。健診の二時間くらいは静かにすることができるので、すり抜けてしまうケースが多い。

（3）行動やコミュニケーションは含まれていない。軽度～中等度の精神遅滞は見逃される。

（4）担当医の、発達障害の知識が乏しい場合もある。

（5）予防接種歴のチェックが甘い。

（6）保健部門・保育園の情報は、外部に流せない。
（7）健診で発達障害が疑われても、「その後」、専門医は少なく予約が取れず、療育センターは発達障害児の個別指導に習熟していない。結果、「難民」、つまり診断のみで対応されない子どもたちが発生してしまう。

## 早期発見、早期対応のシステムを学校内に構築する必要がある。

「診断がおりていようといまいと、周囲の大人が適切に対応できればよい」とのことであった、と、平岩氏は述べた。

参加者からは、発見に効果のある健診項目として次の七点が挙がった。

（1）きらきら星ができる。
（2）人差し指を合わせることができる。
（3）一〇メートルまっすぐ歩くことができる。
（4）折り紙を半分に折ることができる。
（5）じゃんけんができる。
（6）左右の手を開いたり閉じたりを交互逆になるようにすることができる。
（7）しりとりができる。

これらの発言に対し、平岩氏は次の効果的な健診項目を紹介した。

## 五人の集団を遊ばせて一五分間観察すること。

じゃんけんやしりとりなどの集団遊びをさせるのである。コミュニケーションの力が如実に分かる。ただし、これには時間がかかる。ゆえに、効果があるのに採用はされない。

また、実施する側に必要な研修等がない。みんな、素人である。ゆえに簡単な視力、聴力検査等のみで終えてしまうところが多い。

結果、多くの発達障害児はスルーされてしまう。そして、中学年以上になり、二次障害が生じて初めて、問題視される。

こういう事態が、日本中で起きている。就学時健診については「発達障害への対応委員会」でも議論していくことになっているのである。

## 3　医療、行政との連携に動く

この学習会後、平岩氏から、日本小児保健協会が主宰する市民公開セミナーで講座を持つことを依頼された。平岩氏が自閉症の総論を話し、国立特別支援教育総合研究所の小澤至賢主任研究員が自閉症療育のトレンドを話し、個別療育のセラピストである、ますながりさ氏が自閉症療育の実際を話し、保護者である末吉景子さん（『えっくんと自閉症――ＡＢＡアメリカ早期療育の記録』の著者）が体験談を話す。私には「就学準備あるいは学校生活での留意点などについて四〇分間で話を」とのことだった。

その平岩氏から、別の仕事の依頼も来た。日本小児科学会、日本小児保健協会、日本小児科医会が連合で「発達障害への対応委員会」をつくる。その委員会に小児科医だけではなく、研究者や保育園、学校の代表も入れることを検討しており、私に委員に就任せよとのことである。

もちろん、両方とも快諾した。

子どもを医療につなげ、発達障害の診断がおりても、ドクターや機関が療育できるのは月に一度、数ヶ月に一度くらいである。

一方で我々教員は、子どもに毎日関わることができる。子ども一人一人を適切な対応で教え育み、自己肯定感を回復させ、彼らの社会的困難を取り除き、自立させていくのは我々教員の仕事である。

学校が、彼らに力をつけるのだ。その現場で働く一人として、大いに働こうと考え、承諾したのである。

その委員会であるが、委員は以下である。

平岩幹男氏（医師：日本小児保健協会常任理事）
秋山千枝子氏（医師：日本小児科医会理事）
竹内義博氏（医師：日本小児科学会理事）
宮島佑氏（医師：東京医科大学講師）
小枝達也氏（医師：鳥取大学教授）
神尾陽子氏（医師：国立精神・神経センター　児童・思春期精神保健研究部部長）
小澤至賢氏（研究者：国立特別支援教育総合研究所主任研究員）
宍戸恵美子氏（研究者：国立共同研究機構生理学研究所神経シグナル伝達部門）
並木由美江氏（看護師：全国保育園保健師看護師連絡会会長）

そして、長谷川である。のちに東京大学医学部附属病院小児科の岡明氏も委員となった。

この会は「自閉症やＡＤＨＤ、学習障害も含めて、広く発達障害について幼児期から思春期も含めて対応を話し合う場」である。初回から宮島氏からのＡＤＨＤ最新動向、宍戸氏からの自閉症への対応の研究最前線、小枝氏からのディスレクシア（難読症）発見・教育システム提案等、きわめて具体的かつ重要な議題が相次ぐ。

この委員会に集うドクターは、「三者協」（日本小児科医学会、日本小児科学会、日本小児保健協会）の理事、代表たちだ。この委員会の提言が、各組織を動かすことにつながる。

私は初等中等教育現場からのただ一人の参加者である。自分が為すべきは、医療と教育現場、そして行政をつなぐことである。

現在進行形で児童生徒への対応に苦しんでいる学校現場に正対する方策を練り、形にしていきたいと強く願う。

## 4 教育現場と専門医とをつなぐ

第三回会議では、私が「教育現場での発達障害への対応」についてミニレクチャーを行った。私はNHKのETV特集「輝け二十八の瞳～学び合い　支えあう教室～」の映像を示し、意見を求めた。その映像では、子ども同士の学び合いで授業が展開される。勉強の得意な子が苦手な子に教える。答えを教わった子が、担任に怒鳴りつけられる映像がある。

「ひどいね」「ありえないね」

ため息が聞こえた。

「今の時期、学校公開している場に行くと、こういう授業が少なくないよ」

「今日は外来をやったのだけど、今日来たのは小学校二年生で、高機能自閉症で、知的には会話能力はまったく正常。だけど読み書き障害があって、算数障害がある。それで通常学級にいる。それで、この映像と似たような状況になって、先生にどなられて、『支援学級に行け』と言われた。支援学級に行けば解決する問題じゃないということで、一時間くらいやってきた」

「『学び合い』というと、先生が手抜きしているに過ぎないようなのが実際にあります。埼玉でもそうです」

「発達障害の子には意味がない」

専門医たちのコメントが続いた。

この後、「TOSSが大事にしている、教えて、褒める教育」の、現場での有用性と効用について話した。そして、授業と、学級活動の映像を示した。

座長の平岩氏から、「すごいね。これが事実だよね」「発達障害の子どもを確実に伸ばしている」「でも先生方、これはジャパンスタンダードではないからね。教育界の異端だからね」「ＴＯＳＳの先生方は熱心なんだ。だから僕も呼ばれると出向くんだ」

などの発言があった。

竹内副委員長からは、「人的環境を整えること、大賛成です。学校が立ち直る、そのために模擬授業研修や特別支援の学習会をして、およそどれくらいの期間がかかりましたか」等の質問をもらった。

神尾氏からも「素晴らしいのに、どうして広まらないの。教育界どういう構造なの。教えて褒める、まっとうな教育です」等の発言があった。

私は、学校現場における発達障害の子どもたちへの対応の実態をさらに広く深くレポートすることを約束した。

## 5　医教連携セミナーに登壇する

二〇一一年一〇月一日、厚労省後援、日本小児保健協会主催の「市民公開セミナー」で講師を務めた。埼玉の、医教連携セミナーである。

共に研究を進めている平岩幹男ドクターから与えられたテーマは、「自閉症を抱える子どもの就学準備と学校生活」。当日、会場には二〇〇名を超える参加者があった。医療関係者、看護師、保育士、行政、ＮＰＯ団体、保護者等だ。

私が与えられた時間は四〇分。三つの話題を用意した。だが会場に入り、参加者の様子を見て、一つに絞った。参加者の多くが、保健師や看護師、保育士さんだったからだ。

何に話題を絞ったか。

**授業である。**

授業の原則十カ条の説明と、子どもたちの姿の描写。「これならば、参加者が現場に戻って活きる知識となる」。そう確信したのである。

**教育現場のありのままの事実を知ってほしい。**

そのための第一が、授業の事実を示すことだと考えたのだ。

挨拶から始め、TOSSの実践と研究と教材を前面に押し出して話をした。四〇分の講座、直後のシンポジウムが終わると、次から次へと人が押し寄せた。二〇名以上が列をなした。保護者からの相談が半分。そして、仕事の相談が半分だった。

まず、全日本保育士看護師連絡協議会と赤十字から、翌年(二〇一二年)一〇月に開催するシンポジウムへの登壇を命じられた。

次に、ABA(応用行動分析)の専門家である、ますながりさ氏による、部下へのコーチングの場を参観することになった。

埼玉県立小児医療センターの保健発達部副部長氏からは、「若手と卒業生を、先生の勉強会に出席させて学ばせたい」との話があり、勉強会を開催することが決まった。東京大学名誉教授であり日本子ども家庭総合研究所副所長(現・所長)の衛藤隆氏からも勉強会の誘いがあった。NPO法人つみきの会の方々とも、ABAや自閉症療育教材について話し合う場をと言われた。

ほか、東京都東村山市の小学校、埼玉県立大宮北特別支援学校、埼玉県立上尾高校からは校内研修講師の依頼を受けた。当初の予想通り、この講演を通して、新たな連携の道、新たな実践の道が拓かれた。行動に行動をつないで、強靱なネットワークを構築する。

セミナー後、『さいたま小児保健』誌に以下の文章を綴った。

通常学級にいる発達障害の生徒、境界知能の生徒を教え育む腕を鍛えるべく、全国各地のドクターたちとの学習会を始めて一〇年になる。私たち教師が一〇〇～二〇〇名ほど集い、教師相手の授業をする。それをドクターが参観し、指導を受ける。これが学習会の基本型である。「今の発問は、何を答えさせたいのか」「今のは指示内容が三つ入っているから、子どもたちには入らない」。例えばこのような指導を受けるのである。院内学級や学校介入（学校を訪問し、発達障害児のスクリーニングなどを行う活動）で実際に子どもたちに教えているドクターの指摘は核心を突くものである。私たちは授業のプロであるが、ドクターの知見を学び、それを教室におろしていくことでさらに授業がよくなり、生徒の力を伸ばすことができるようになった。

学校の教育のなかで、中心は授業である。一日八時間学校にいて、そのうち六時間は授業なのである。この六時間で生徒の自尊感情を育てずして、どこをどういじってみても生徒は成長しない。中学校現場には、小学校のときに学級崩壊、あるいは授業崩壊、あるいは不登校・引きこもり、非行問題行動を起こした子どもたちが複数入ってくる。その子どもたちは例外なくセルフエスティーム（自己肯定感）が低い。人生そのものを斜めに見ている。

その子どもたちを授業で活躍させる。学力を保証する。「今日も楽しかったな」「先生、今日の国語の授業、面白かったよ、できたよ、国語が好きだよ」と生徒たちが思えるような授業をする。そのために教育研究団体TOSS代表の向山洋一氏が提唱した「授業の原則十カ条」を学び、実践する。そこから始めた。趣意説明、一時に一事、簡明、全員、所時物、細分化、空白禁止、確認、個別評定、激励の十カ条である。この十カ条を実際の授業の場で形にするために、教師同士の「模擬授業研修」を始めた。全国の実践家によるすぐれた授業を紹介し、すぐれた教材教具の使い方の実演もした。七年前のことである。

学期に一回ずつすべての教師が授業をし、協議をする。この研修と並行して特別支援教育の研修も年に二回ずつ行ってきた。そのような蓄積があり、今年の非行問題行動は四月に一件のみ。エスケープ（授業からの抜け出し）はほとんど無し。まったく学校に来られない生徒はゼロとなった。そこに必要なのは怒鳴る、叱責する、時には手を出すような従来の「力の生徒指導」ではない。特別支援教育である。力の生徒指導とは異なり、特別支援教育に即効性はない。一滴一滴、スポンジに水をしみ込ませていくような日々である。教えて、褒めて、できないことは教える。できるまで教える。その積み重ねである。即効性はないが、目の前の生徒の一生をつくっていく指導である。

入学してきたすべての生徒にどう対応し、いかに伸ばすか。どれだけ自尊感情を高めた状態で卒業させるか。今後もさらに足もとを固め、全国の教師に問題提起をしていきたい。

二〇一二年一〇月二七日（土）には、小児保健協会主催の学会にて七〇〇名を相手に講演を行い、翌二〇一三年もご依頼をいただいた。

## 6　現場で医療等関係機関と連携する

ある年の一月、職員室が拍手で沸いた。

一学期に私が医療につなげ、アスペルガー＆場面緘黙（特定の場面で発話できない状態）の診断を受けた中一女子生徒についてである。

小学校六年のとき、勤務校の相談員と臨床心理士が授業参観に行った。授業中、ずっと震えていた。頭には円形脱毛症があった。

生徒指導主任として、また、特別支援教育コーディネーターとして、春休みから職員向けの「準備講座」を開いた。

「発話を強制しないこと」「不安を取り除く環境をつくること」

この二点を、各教科、各教師が具体的に努力していくことを話した。

中学に入学しても、教室での発話はなかった。話しかけられても、目をぎょろぎょろ、肩をびくびくさせ、あとずさってしまう。

入学式の日、上履きの紐を結べなかった。私が一緒に結んだ。

ジャージに着替えるのに一五分程度かかった。友達が手伝ってやっと、休み時間終了ぎりぎりに移動しはじめることができる状態だった。

小学校入学から今まで、給食を一口も食べなかった。家庭科で調理実習をしても、総合で郷土食をつくっても、一口も食べなかった。

その子が、一月最終週、初めて給食を口にした。三口。義務教育七年目の終わりで、初めて、給食を食べた。

教室中が沸いた。報告を聞いた職員も、拍手で沸いた。みんな、心から喜んだ。

変化の要因の一つが、自尊感情の回復にあることは明らかであった。例えば国語の授業での、成功体験と成長の自覚である。

入学当初から、国語の時間の前の休み時間は、毎回一緒に教材の準備をした。

「漢字スキル」や「名文視写スキル」で一文字書くのに、一分弱かかった。

私は「うつしまるくん」や「あかねこ中学名文視写スキル」を購入して彼女にプレゼントし、毎日、続けさせた。一一月には五分弱でテストを終えられるようになった。しかも、初めて一〇〇点を取り、それまでは見せたことのない笑顔を見せた。

一月には四分程度まで縮まった。二月にはプラス一分ほどで終了するまでに速度が上がった。三学期、彼女は一〇〇点を連発するようになった。声が、大きくなっていった。

彼女のために設けるこの時間、ほかの生徒はすることがない。空白ができてしまう。授業の緊張感が乱れる。一体感が崩れる。

空白禁止の原則に沿い、私はある簡単な工夫をした。終えた生徒に、「先生問題」を出したのだ。テスト一〇問のうちの漢字の「同訓異字」や「同音異義語」を中心に、毎回二〜三問ずつ出題したのである。たったこれだけのことでも、生徒は喜んだ。

三月に上演した学年演劇でも、みんなが驚きの声をあげるくらい大きな声を出した。

人間は、変わるのだ。

県内の医療センターのドクターたちとの学習会で、この事実を発表した。皆さん、驚いていた。

元小学校長の桑原清四郎氏は涙を浮かべて喜んでくれた。終了後、「素晴らしい教育です」とドクターから声をかけられた。

「発達障害だからしかたがない」

いまだ、多くの学校がこのレベルだ。悲しいし情けないが、それが現実だ。何とかしなければと強く思い、行動している。

「発達障害だからしかたがない」

これは明確に間違っている。不適応を生じさせなければよいのだ。そのために職員全員で研修し、目標を定め、対応していくのだ。

非行問題行動が悪化してから医療につないでも、ドクターが対応できるとは限らない。「発達障害への対応委員会」でも話題になったが、二次障害が進行し、行為障害（反復して持続的な反社会的・攻撃的・反抗的な行動パターンを特徴とする）まで進んだ生徒は、どこの人間とも分からない医師に心を開くことはない。


**対応の主体はあくまで、毎日その生徒に接してきて、これからも毎日関わっていく学校、すなわち教師なのだ。**


医師はあくまでも助言者だ。

最近、保健所では「家庭では問題がないのですが、学校の先生が強く勧めるものだから」と母子で来所するケースが増加している。

勧めるのはかまわない。藁にもすがる思いなのかもしれない。

だが、せめて初回とその次くらい、教師も付いていけと言いたい。

教師も居合わせ、一緒に話を聞く。これがきわめて重要だ。

重要だという理由はいくつかある。

一つだけ挙げるなら、保護者は医師からの話を、意識的にか無意識的にか、曲げて学校に伝える。自分たちによいように、変える。

もちろん全員の保護者が、という話ではない。でもそういう例は確実にあり、その後、学校、保護者間でトラブルになったケースも少なくない。

教師がその場にいれば済むことだ。その場で、家庭で努力すること、学校が努力することを確認すればいいのだ。

## 目標を共有すればよいのだ。

主体は学校なのだから、機関を紹介して終わり、機関につなげて安心、ではお粗末すぎる。責任の放棄と言われてもしかたがない。

私は医師、保健所、福祉課、家庭教育相談員、民生児童委員、児童相談所、少年サポートセンター、児童養護施設、保護観察官、保護司といった各機関の方々と常々連絡を取り合っている。

こちらがハブとなり、コーディネートする。

動く主体はあくまでこちら。その補助をしていただく。

だから、連携が続くのだ。続くだけでなく、発展するのである。そういう活動の積み重ねがあってこそ、学校は変わるのである。

# 第6章

# 子どもが生活しやすい枠組みをつくる

# A君の暴力の原因は「枠組み」がつくれず混乱していたからだった

## 「枠組み」がないから、混乱していたA君。枠組みの発想は、A君を変えた！

長野市立緑ヶ丘小学校　小松裕明

### 1　かわいいが、やたらと手足が出るA君

特別支援学級に入級している一年生A君。広汎性発達障がいの診断を受けていた。支援学級の担任をしていたS先生より、相談のレポートが出された。

概略、次のような内容である。

> ①待つことが全然できない。（二秒）
> ②友達にも、教師にも暴力が出る。
> ③衝動性が強く、登下校の安全性が保たれない。
> ④本人ペースだと色々できるが、片付けなどをさせようとすると、やらせることが不可能。代わりに、教師に暴力が出る。喜んでいるようでもある。

## 2 「枠組みをつくることが大事です」（関ひろみドクターの指導）

ＴＯＳＳ長野と関ひろみドクターとの勉強会は、小嶋悠紀氏や私もコメントをする。その上で、関ドクターよりコメントをもらうようにしている。

似ている内容でも、医師からの指導が加わると、明確に行動にまで移せるようになったと、Ｓ先生は述べる。Ｓ先生のレポートより、この日の様子を振り返る。

関ドクターは次のように述べた。

> **枠組みをつくっていくことが大事である。**
> **それを褒めるなかでやる方針が正しいと思います。**

小松・小嶋両氏のコメントを受けての発言だった。

暴力をやめさせたい。でも、何か行動をさせようとすると、手や足がすぐに出る子だった。積み木で遊んだらそれを投げだし、それが散らかったままの状態で、片付けさせるのが難しかった。それに対して、「枠組み」がないからなのだと思った。枠がない子に色々させようとしても、混乱してしまう。だから、次々に手が出ているのだ。言葉の意を同じに捉えていないと考えた方が良かったのだ。追いかければ追いかけるほど、こちらも混乱していた。

つまり、追いかけない方がうまくいく、というぐらいのイメージの方がよい。そのことを学んだ。

ドクターが評価した小松氏と小嶋氏の指導法を取り入れることにした。

小松氏の指導法は、次の方法である。この部分だけを詳述する。

子どもの行動を三つにわけ、三つの対応をする。
三つとは、次の三つである。
①増やしたいこと。
②減らしたいこと。
③どうしても許せないこと。
そして、それぞれ次の対応をする。
①増やしたいこと。　↓　褒める。
②減らしたいこと。　↓　その行動だけ無視する。
③どうしても許せないこと。　↓　止める。

A君について、「どうしても許せないこと」は、友達への暴力である。ほかは、どちらでもいいぐらいに捉えるように、と小松氏は言っていた。

例えば、「後片付け」に対する対応は、まったく反対になった。今までは、どうにか後片付けをさせないといけないと考えていた。結果、A君は私に暴力を振るっていた。ところが、この指導を受けた後では、「後片付け」をしないことを無視するだけである。結果、A君は力の暴力を減らしていくことを目指した。

では、どうやって「後片付け」を教えるか？　関ドクターも言っている。

## 「褒めるなかで教える」

少しでもやったとき、少しでもやろうとしたときに、「褒める」ことで、「後片付け」も教えるのである。枠がまったくない状態を想像した。あれこれやろうとしても、よいことと悪いことの違いが分からない。刺激のあることに引っ張られて、教師が対応すればするほど、困った行動をする。そのように考えた。暴力については、感覚の過敏があり、気持ちのコントロールの仕方が分からない、ということも指摘された。確実な大人とのやりとりのなかで、行動を身につけさせたい。身体も小さいので、暴力の部分も、この子にとっては挨拶なんだと、正しい行動に変えていくことを目指した。

## 3 対応を変えたら心の余裕ができた

A君の行動に合わせて、あれこれと指導しようとすることを止めることにした。担任だけでなく、原級の担任、A君についていた支援員の先生にも徹底することにした。支援員の先生の対応も変わった。

A君は気分の転導も激しかった。だから、怒ったことがあっても、放っておけば良かった。あるいは、積極的に興味を転導させれば良かった。

エスカレートしたときでも、まったく違う話に転換すれば良かった。こう考えて対応すると、指導に余裕が生じた。余裕が生じると、一つ一つが楽しくさえあった。

また、A君が反応する言葉があった。

### 「強いなあ」「かっこいいなあ」

この二つを使って、褒めたり、行動させたりした。褒め言葉がしっかり入る子であった。

様々な検診は、検診場所に連れて行くのも大変だったが、それもこれらの言葉を使った。

S「注射があるかもしれないから、怖いのかな。注射だったら、泣いちゃうもんな」
A君「おれ、行く」
S「そうか、強いなあ」

こちらの対応にも余裕が出ていたので、時には「怖いんじゃないの？」と続けて、念を押して確実に行動させたこともあった。対応していて、とても楽しかった。検診もすべて予定通りに受けさせることができた。

## 4　初めて人のものをすっと返すことができた！

そんななか、A君が初めて、人の教科書を上手に返す場面があった。指導を変えて、一週間のときである。

A君は、人のものを持って行くということがあった。盗難というのではない。自分のものと人のものの区別がつかなかった。

あるいは、人と関わりたくて持って行く感じであった。目につくものを、刺激がほしくて持って行くという感じだった。これは、かなり大変なことだった。

例えば、勉強しているほかの子の教科書を持って行った。それを、床に放った。追いかけると、遠くへ持って行った。止めさせようとすると、暴力になった。せめて、相手の机の上に返すようにしたかった。

それを、三つの方針の延長のなかで行った。

余計な刺激は、A君の行動を助長する。A君が投げていない間に声をかけた。A君ができていること、できていたことを探して声をかけた。

「A君、かっこいいなあ。プリントも五枚もやっちゃった」

そしてそのなかに隠れるように、増やしたい行動を、褒める方向で促した。

「A君、かっこいいなあ。プリントも五枚もやっちゃったんだ。すごいなあ。かっこいいなあ。本をCちゃんに渡すだろうな。かっこいいもんな」

A君は、Cちゃんの机から五〇センチ離れた所で立ち、腕を差しのばして教科書を返した。

さらに、促した。

「おっ。すごいなあ。さすがだなあ。ありがとうも言えちゃうかな。かっこいいから」

「ありがとう」

何と、ボソッとありがとうまで言えてしまった。

「すごいなあ。ありがとうも言えちゃった。すごいなあ」

周りにいた支援員の先生と、隣の学級の先生と三人で、心から褒めた。

「A君、かっこいいなあ。本を投げないで机に返したもんなあ。ありがとうも言ったもんなあ」

と繰り返した。

「すごいなあ。返したなあ、かっこいいなあ」

それを聞いたA君。

「おれ、返したもんね」

と一言。

それまでマイナスに考え、どうにかしようとした行動を、まったく正反対に考え、対応した。その結果、A君は教科書を返すことができたのだった。

それだけではない。この後、こういった場面があったときも同様に返せるようになったのだった。

これが、行動の枠組みをつくることなのだ。

この後、「ごめんなさい」を言える場面もあった。そのときは紙に絵を書いて説明をし、「こういうとき、どう言うといいんだろうね」と、「ごめんね」と紙に書いてみせた。

こうやって、ものを返したり、「ありがとう」や「ごめんね」を言ったりできるようになっていった。

**ドクター（関ひろみ氏）のコメント**

A君のように広汎性発達障がいのお子さんでは、認知の偏りがあるがゆえ、対応の一つに〝構造化〟ということが大事になってきます。これは、そのお子さんの認知の偏りに則して、より具体的に分かりやすい指示を提示することであり、興味のある刺激の入りやすいポイントを見出していくことにもつながります。

その意味で、「〝構造化〟＝枠組みを作る」ことから始まり、A君に、より刺激が入りやすい言葉がけとしての「強いなあ」「かっこいいなあ」のポイントを見出されたことは、まさしく、先生がお子さんと真剣に向き合い、特性を理解されていかれた賜物と思います。その結果、「ありがとう」「ごめんね」など、小学校低学年のうちに身につけておくべき生きる基本が、A君に備わりつつあることは素晴らしいと思います。A君の今後の成長が楽しみです。

**監修者のコメント**

褒めること、どうすればよいかを教えてあげることが、子どもを育てます。怒鳴る教育、叱るだけの教育からは、創造性のある子は生まれません。

# 行為障害になる可能性のある子が立ち直った

## 「一般に通用するルールを学び直すこと」＝「枠づくり」が大切

静岡県公立小学校　山下法子（仮名）

## 1　四月から学級崩壊に～トラブルの絶えなかったA君

四月当初から学級崩壊を起こしたクラス。授業中に離席をし、床にねころがったり、廊下や空き教室に行って遊んだりする子が毎日四～六人いた。その中心となっていたA君。A君は、ＷＩＳＣ（Wechsler Intelligence Scale for Children）の診断も、医療機関にかかることも、親の了解が得られなかった。

母親と祖父母、弟と暮らしている。父親は単身赴任で週に一度会う。

### (1)　学校や友達とのトラブル

壊す

学校の物や友達の物を壊す。遊んで模造紙すべてに穴をあけてしまう。学校のビデオによだれを入れて壊す。窓ガラスを叩いて割る。カッとなって友達の携帯電話を踏みつぶす。

執着する

いやがる友達につきまとう。友達に執着し過ぎたために、相手の子が登校を渋る。ランドセルを引っ張る。首にまきついて離れない。なめる。足をつかむ。かむ。唾を物にたらす。首を絞めたり、はがいじめにする。

授業への参加

離席をし、ほかの子にちょっかいを出す。荒れているときは、廊下でボールをついて遊んだり、大きな声を出したりして注目をあびようとする。

金銭

友達と一緒にお菓子を買い、おつりを自分のものにする。家から持ってきてしまったお金で、友達に羽振りよく奢った。

## (2) 家庭では落ち着いている

母親との関係

家では、上記のようなことは、一切ない。

二年生から、学校から苦情の電話を何度ももらっているため、A君にも再三、言い聞かせている。

二年生頃はやみくもに怒っていたが、三年生になってからは、よく話を聞くようにしている。

祖父母との関係

祖父母はA君に大きな期待をしていて、要求や約束事が多いと母親は言う。

一二月に、A君はカッとなって、友達の携帯電話を踏みつぶして壊した。相手の親が学校にどなり込んできたために、母親と担任と主幹とコーディネーターで話し合いを持った。専門機関との連携を持つことに母親が同意してくれた。単身赴任の父親にもすぐに電話をかけて同意してもらった。しかし、冬休み中に祖父母を説得できず、結局は、専門機関との連携もWISCもとれなくなった。

父親との関係

母親から事情を聞いて、父親が時々、学校で悪いことをしていないか問いただしている。家のお金をくすねたときには、顔や身体に痕が残るくらいに殴った。

## (3) 学級崩壊を起こしていた学級における取り組み

①担任が指導の仕方を工夫するようになった。「言葉を明確にして話す」「短く話す」「スモールステップで学習させる」等である。
②市の特別支援の職員に教室に来てもらい、指導を受ける。
③暴れたり、授業に参加しようとしなかった子、二人が、医療機関にかかったり、通級指導を受けるようになった。
④支援員が毎日四時間ついている。
⑤荒れの原因であるそれぞれの子への対応について相談する会議を定期的、不定期に開いている。校長、教頭、主幹、担任、生徒指導主任、特別支援コーディネーターが入っている。
⑥母親を呼んでの面談。

学級は落ち着いてきたが、A君はとても波があった。ある教師は、「日によって朝の様子が全然違う。普通に話ができるときと、まるで酔っぱらっているかのようなときがある。酔っぱらっているかのようなときには、言っていることが支離滅裂で、目もどこか変」だと言っていた。

宮尾益知ドクターには、右記のレポートのほか、次の物を見ていただいた。

①A君の描いた絵二枚。
②A君が学校で書いたワークシート。
③A君が家で書いた夏休みの日記。

## 2 ドクターのアドバイスで変わりはじめる

### (1) このままでは行為障害に

宮尾ドクターが言った。

「このままでは、行為障害になる可能性が高い」

重要な問題点　一般に通用するルールを学んでいない可能性がある。

しかし、次のような療育を行うことで、A君が育つという可能性を教えてくれた。

一般に通用するルールを学び直すこと。

### (2) 枠づくりをせよ

家庭環境からの考察

①祖父母がいる家庭は、ルールがダブルスタンダードになっている可能性がある。

つまり、ルールがこの子にあまり伝わらずに育っている。
枠づくりができていない。
②父親がかなり乱暴である。
③お金がコミュニケーションの手段となっている。

「していいことと悪いことという認識が子どもにいつできるのか」
普通は、悪いことをしようとするときに、どこか自分の心がすっきりしないという感覚になる。物をとるときに抑制する自分。そのような感覚が始まるのは、一歳頃。悪いことをしようとするときにお母さんがにらむ。それを見て、認識する。

学校ではA君に何ができるのか。
「A君に対して枠づくりをしてあげる人がほしい」
(例) 教頭先生でもいい
(例) スポーツ選手タイプの先生でもいい

学校でできること。

**A君に対して枠づくりをする。**

## （3）ルールを間違えて認識しているのか、わざと間違えているのかを見極めよ

A　ルールを間違えて認識している場合

オリジナルルールを勝手につくってやっている。

価値観を一つ一つ教えなくてはならない。育て直しをしなくてはならない。

B　ルールを知っていてわざと間違えてやっている場合

手強い。手強いが、こちらの方がA君の場合よりも指導はしやすい。

A君は、前者Aの可能性が高い。つまり、自分なりのルールをつくっている可能性がある。よって、どこが一般のルールとずれているのかを見つけて、一つ一つの認知をつぶしていかなくてはならない。

> ①ルールを聞いて受け止める。
> ②「一般的にはこういうルールだよ」と教える。
> ③「どうする？」と尋ねる。
> ④褒める。

信頼関係がある人に褒められることが大事になる。

## （4）○○な一〇か条を書かせることで、その子の価値観が分かる。

（例）友達と仲良くする一〇か条

あなたが遊びたい女の子一〇か条

**（5）損得ルールで解決する場合もある。**

「そういうことをしていると、変な人って思われる」

「そうすると損するよ」

このように語りかけてみる。

**（6）ソーシャルスキルかるたはすごくいい。**

結局は、この「ソーシャルスキルかるた」のレベルのことかもしれない。

説明するとすごく難しいことでも、この同時記憶によって入っていく。

低学年から遊ばせるのがいい。

**学校でできること。**

**①一般のルールとのずれを見つけて、一つ一つの認知をつぶしていく。**

**②〇〇な一〇か条を書かせて、A君の価値観を探る。**

**③損得ルールで解決していく。**

**④ソーシャルスキルかるたを取りいれる。**

**（7）衝動性をどう解決していくか**

診察でこんなことをして、その子の衝動性を調べることがある。

親の前で遊ばせておいて、後ろから蹴る。衝動性を持っている子は、医者に向かってくる。なぐりかかってくる子もいる。衝動性を持っていない子は、何もしない。何もしないが、親に助けを呼べるかどうかも見ておく。

なぐりかかってこなければ、ある程度は大丈夫。なぐりかかってくるような衝動性があれば、薬での対応をしていく。

### (8)「よだれ／つば」をどう考えるか

幼児性が見られるが、だれかの真似をしているかもしれない。だれかがしているのを学習している可能性もある。

### (9)「一〇歳」が一つの判断基準

一〇歳以降に、このようなことをしているのならばいい。思春期ならば、一時、このようなことに走ることもありえる。

しかし、一〇歳以前でこのようなことをしているのならば、よほどガッチリやらないと、行為障害になる可能性が高い。

## 3 変化しはじめたA君

### (1) アドバイスを受けての取り組みを始めた

学校に帰り、担任や校長に伝えた。宮尾ドクターが示してくれたポイントを話し、さらに、方法のいくつかを紹介していった。

そのときに、A君がどのようなルールが大切だと認知しているのかを知ることも大切だが、知っただけではだめで、「療育しなくてはならない」ことを話した。

すぐに行ったのは、○○な○か条を書かせて、A君の価値観を知ることだった。

**友達と仲良く遊ぶためのA君の五か条**
**1　人に　迷惑をかけない。**
**2　人に　暴力を振るわない。**
**3　人に　抱きつかない。**
**4　人が　喜ぶことをする。**
**5　B君に、近づかない。**

大好きなB君と仲良くしたいのに、B君に近寄ってはいけない。家で繰り返し言われていることだった。

A君は、B君と仲良くするために「B君に近づいていけない」と信じているのだった。

A君はわざと間違えているのではなく、本当にどうしていいのか分からないのだと思った。宮尾ドクターに相談したのは、一二月。担任や校長に伝えたが、アドバイスをすべて実行するには時間が足りなかった。

### (2) アドバイスを実行した翌年の変化

翌年は、まず枠づくりをすることを行った。「漢字スキル」を使った学習で、枠づくりを始めた。

授業開始に「漢字スキル」を開く。→褒める。
指書きのときに声を出している。→褒める。
字が丁寧に書けた。→褒める。

褒めて、褒めて、褒めながら、一つずつ「こういうときはこうする」という枠をつくっていった。漢字テストで一〇〇点をとり、校長先生から褒めてもらった。校長室には彼が一〇〇点をとった写真が飾られた。成功体験のなかで、彼の信頼を得られるようになり、もう少し複雑な場面での枠づくりもできるようになった。

## (3)「損得ルール」が大切

ある日、A君は友達と喧嘩をした。友達は怒って、その後の遊びに入れてくれなかった。するとA君は、紙に「ばか　死ね」と書いて、その子の手提げに入れておいた。

A君に話を聞くと、相手が嫌なことをしたんだから仕返しをするしかないと本当に思っているようだった。A君は、これまでも、嫌なことをした相手の靴をこっそり隠してきた。

仲良くなるための方法は、相手に嫌がらせをして、思い知らせることしか知らなかった。

それは損だと教えると、A君は一つずつ仲良くなるためのルールを理解していった。

## (4) クラスのなかで孤立させないこと

クラスのなかで孤立させない。クラスの友達がA君を支えてくれた。

A君は次第にルールが守れるようになり、ゲームも一緒にできるようになった。体をくっつけて遊ぶ友達も出てきた。

もともとA君は、サービス精神旺盛で人を楽しませる子が好きな子だったと分かった。友達のことが大好きで、友達と一緒に楽しく生活をしたい、それがA君の一番の願いだった。

それをかなえてくれたのは宮尾ドクターのアドバイスであり、TOSSの指導法だった。

**ドクター（宮尾益知氏）のコメント**

一〇歳までに犯罪行為をする子どもは、先天的な要素があり、予後も不良なことが多いようです。一〇歳以降の場合は、衝動性と自己抑制がきちんとできないために行動してしまいます。

このような行動は父親との関係性が深く関わっていると言われています。四歳頃の社会的規範や思春期のサポート（見守り）がきちんとなされていれば、これらにより子どもの社会的行動は熟成していきます。

父親が最も必要とされるときです。みんながあまり知らないことですが、公園に連れていくことだけが父の役割ではないことを……。でも、キャッチボールも良いものですよ。無言のコミュニケーションですから。映画『フィールド・オブ・ドリームス』を観てみましょう。

# 第7章

# 医師との出会いが子どもを変容させる

# 信頼できる医師との出会いで支援学級へ
## 別人のように落ち着いたA君

熊本県玉名市立築山小学校　吉岡　勝

### 1　通常学級への強い希望

入学前から支援学級を勧められていたA君。保護者の強い要望で、通常学級に入学してきた。「ひらがなや漢字が覚えられない。計算ができない。集団としての行動ができない」という報告を担任から聞いていた。

一年生のときは、理解できているかどうかは別として、着席し、やるべき作業には取り組んでいた。

一度、専門医を受診した。そのとき、保護者の話ではその専門医から「大丈夫です」と言われたそうだ。

担任やコーディネーターと何度も教育相談をし、支援学級への転籍を勧めても、「専門医から大丈夫と言われたので……」との返事だった。

### 2　崩壊

二年生になり、担任が替わった。五月の運動会前から荒れはじめ、秋には学級は完全に崩壊していた。

一月からは三五人を二つのグループに分け、担任、支援員、算数少人数担当、算数TT担当の四人が張りついていた。しかし、数名の男子が教室に入らないどころか、近づかなくなり、授業中だろうが給食中だろうが集会中だろうが関係なく、運動場、プール、学校の周辺、体育館等で無秩序な行動をしていた。職員室、放送室、資料室、倉庫、保健室、パソコン室、図書室等走りまわったり、物を持ちだしたり壊したりしていた。また、職員用のキャスター付きの椅子で廊下をゴーゴーと音を立てて走り回ったり、室内でもサッカーをしたり、授業中に緊急放送のスイッチを入れて大声で放送したりした。

担任だけでなく、だれの言うことも聞かなくなっていた。担任や支援員には「クソババア」等と悪態をついたり、叩いたり、蹴ったりすることが日常だった。

**担任と支援員の過剰な叱責等の不適切な対応が招いた二次障害と考えられる。**

A君もその一人だった。

## 3　落ち着きを取り戻す

三年生になり、私が担任した。一クラスである。その男子数名も少しずつ教室に入るようになっていった。授業中、立ち歩いたり、大声を出したり、トラブルを起こしたりはあったが、二年生のときの逸脱した行為は少しずつなくなっていった。

**「わくわくずかん」「直写ノート」と「おてほんくん」等のTOSS教材には興味を持って取り組んだ。**

## 4　特別支援学級への転籍

A君の保護者とは、四月当初、コーディネーターと共に教育相談を行った。学校での様子を伝えるとともに、支援学級への転籍を勧めた。保護者の言葉の端々に支援学級への偏見がうかがえた。

本人の特性や将来のこと、今まで関わった児童のことなどを例に挙げて説得した。

しかし、「専門医に大丈夫と言われました」「二年生のことがなかったら……」「おっしゃることは分かりますが、通常学級でお願いします」との返事だった。

もう一度、違う専門医に相談することを勧めると、それは了解された。

こうして、希望ヶ丘病院院長の松本武士先生との出会いとなった。松本先生とは以前から面識があった。信頼できる素晴らしい医師である。

A君は検査を受け、診断を受け、服薬するようになった。

以前と違って少しずつ落ち着いてきた。また、支援学級でコーディネーターの個別指導を受けるようになり、学習にも取り組むようになってきた。

A君の保護者（祖父母も）と校長、コーディネーター、私の七名で松本先生に相談に行った。A君の特性や対応について説明していただき、保護者の考えが変わっていった。

学校で再度話し合い、四年生から特別支援学級へ転籍することになった。

## 信頼できる専門医との連携が転籍につながった。

A君は特別支援学級に転籍してから、注意欠如や衝動性、知的に低い等の本人の特性からくる行動はあるが、問題行動は激減して、学習にも取り組むようになった。

以前からA君を知る人から「別人のように落ち着きましたね」と言われるようになった。

### ドクター（松本武士氏）のコメント

本事例は、幼少期より発達障害の特性を有しながらも、経過観察のみで早期発見・早期ケアが遅れ、小学校でのクラス替えや担任交替等の環境変化といった環境刺激の誘発によって、注意欠如多動症の衝動性・多動性・被影響体験の高さ等といった特性が顕著化するに至った事例でした。再度、診断確定の重要性と、それに基づいた診断や問題の所在を、教育・家庭・医療を含めたケース会議で共有することで、方向性を見出すことができました。

支援学級への偏見も、診断を確定し、みんなで協力し合っていくといった支援体制を築けたことで、保護者の苦悩も間接的に受容でき、前向きな支援学級の利用に繋げることができました。改めて、早期発見・早期ケアの重要性とともに、本人・家族を含めた問題の受容・共有ができたことが、本人の安定性と家族の柔軟なる理解に寄与できた要因であったと考えられます。

### 監修者のコメント

医療側からすると、家族の状況と学校への悪口だけの親の情報のみでは、偏ったコメントしかできません。学校での生の姿を伝えてもらうと、治癒率は驚くほど良くなります。そうすることが、何より子どものためになるのです。

# 不適応行動を起こす子どもへの対応

## 「褒める」ことで子どもが変わる

神奈川県公立小学校　西尾裕子

## 1　子どもの状態

A児。二年生。男子。四月初めに転入してきた。暴言、暴力、脱走など様々な不適応行動を起こす。

### (1)　転入時の様子

①噴水に上る。②池に入る。③並べない。④人を殴る。⑤奇声を発する。⑥柵に上る。⑦帰ろうとする。⑧教師を殴る。⑨隣のクラスに乱入する。⑩「おまえ、ばかか」が口癖。⑪注意すると逆切れする。⑫自分が叱られていないのに、叱られていると思い、逃げ出す。⑬下半身を露出する。

### (2)　A児の対応についての方針

サークル代表の「シャワーのように褒め言葉を浴びせる」という思想を基にして考えた。

①極力叱らず、力強く褒める。
②人に迷惑をかけないこと、危険ではないことは見過ごし、ひどく叱らない。
③人に迷惑をかけることをした場合は一言優しく注意する。

④危険なことをした場合は「一緒にお勉強ができなくなってしまうので悲しい」と伝える。
⑤事前にしてはいけないことを言っておく。
⑥A児のがんばりをクラスのみんなに「すごい」ことだと強く伝える。
⑦環境に気をつける。水が大好きなので、噴水があるとすぐに遊んでしまう。噴水の近くで体育をしない。
⑧絶対にやめさせなければいけない行動をとったときは「校長室に行ってもらいます」と一言告げる。

## (3) 実際の指導

方針をもとに指導するようになってからA児の様子は、一日ですぐに変わった。それまでのA児は、一切指示を聞かなかった。注意をすると、すぐに顔色が変わり、声を上げたり、手を出したりしてきた。
①力強く褒める。
朝、A児の登校時の私の対応は、笑顔でにっこり、「今日も学校に来てえらいね。すごいね」と言い、抱きしめるところから始めた。
②安心感を持たせる。
A児を膝の上に乗せ、褒めた。例えば、窓から飛び降りそうになったとき、「A君、おいで」と笑顔でにっこりすると、走って私のもとに来た。すかさず抱きしめて、「えらい、天才、優秀」と教室中に響き渡るくらいの大きな声で褒めた。
③無視をする。
言うことを聞かない場合があった。そういったときは、あえてかまわず無視をするようにした。そして、席についたときに、すぐに褒めた。「先生が何も言っていないのに、席についた、大天才だな」と伝えた。
④クラスの子どもにA児の良さを伝える。

クラスの子どもに「A君が賢いと思う人」と言って、挙手させた。クラスの全員の子が手を挙げた。A児以外の子どもにも「人のよいところを見つけて、すごいって言える人は、すごくて、賢いよ。先生はそんなみんなが大好きです」と褒めた。

⑤クラスの児童にA児を褒めることを勧める。

A児を褒めた子を褒めると、クラスの児童がA児を褒めるようになった。

⑥我慢をさせない。

どうしても席に座ることが我慢できないときがあった。そのときは、A児に「前にいていいよ。寝ててもいいよ。大丈夫だよ」と認める。席についたら、うんと褒めた。

⑦不適応行動を、先に褒めて防ぐ。

席から離れそうなときは、「席についていて、えらいな。すごいね」とA児を褒めた。

⑧先生役をさせ、褒める場面を増やす。

A児に「先生よりすごい。すごいから先生やってよ」と言い、できるだけ活躍させた。圧倒的に褒める場面を増やし、活躍させた。

⑨叱り方を工夫する。

A児がいたずらをしたとき、A児に「〜しましたね」と尋ねても絶対に認めようとはしなかった。方針を変え「〜しちゃったやろ?」とニヤリと笑顔で尋ねてみた。そうすると、A児はニコッとしながら、「うん」とうなずく。「あやまっちゃえば」と言うと、A児は「ごめんなさい」と言う。すぐに、「えらい」と褒めた。その後に、「叩いたらいけないよ。痛いから」と短く叱った。

⑩A児が危険なことをした場合は校長の力を借りる。

どうしてもやめさせたい行動のときは、「校長先生のところに行ってもらいます」とA児に告げる。

以前、A児は校長先生に叱られたことがあり、校長先生が苦手である。実際には、連れていかない。校長先生とは連携がとれていて、そのようにすることを決めていた。

## (4) 褒める指導に変えてからのA児の様子

A児は何でも「やるやる」と言って積極的になり、何事にも挑戦するようになってきた。しかし失敗すると落ち込み、投げ出してしまうこともあった。

## (5) その後のA児の様子

〈なくなった行動〉

①噴水に上る。②池に入る。④人を殴る。⑥柵に上る。⑦帰ろうとする。⑧教師を殴る。

⑨隣のクラスに入る。⑪注意すると逆切れする。⑫自分が叱られていないのに叱られていると思い、逃げる。

⑬下半身を露出する。

〈改善された行動〉

③並べなかったが、やる気があるときは一番に並ぶようになる。

⑤奇声を発することについて、楽しいとき、興奮したときに声を出すようになる。

⑩「おまえ、ばかか」が口癖だったのが、「先生は、かわいくて賢くて」と言う口癖に変わる。

## 2　安原昭博ドクターのアドバイス

このような対応でよい。ほぼ満点である。よく叱らずに対応できた。A児の不適応行動については、「注意喚起行動」である。注目すればするほど、不適応行動を起こしてしまう。無視をすればなくなる。教師だけでなく、クラスの子どもたちにも無視をするように工夫した指導をする必要がある。だれからも反応がなければすぐにやめてしまう。よく低学年で下半身を露出して見せびらかす行動をする子がいるが、これは、「注意喚起行動」である。相手にせず無視することができれば一日でやめてしまう。

A児に見通しを持たせることが有効である。例えば、写真を使って授業の内容を事前に伝えておくなどするといい。校長のところにA児を行かせることがよいかどうかは疑問である。するならば、校長と話をした上で、体制を整えることが必要である。

## 3　アドバイスを受けての現場での教師の取り組み

安原ドクターからのアドバイスを大きく三つと捉えた。一つは、不適応行動を無視することであり、一つは、見通しを持たせることであり、一つは、校長との連携の体制を整えることである。

### (1)　A児の不適応行動を無視すること。

「注意喚起行動」ということを意識してA児に接した。止めさせたい行動に関しては、無視をした。「無視をすることがよい」と知っているだけで、ずいぶんと心の余裕を持つことができた。以前は、窓から飛び降りようとしたとき、不安でたまらなかった。褒める指導でうまくいくこともあったが、うまくいかないときには、A児のところまで行き、A児を抱っこして連れ戻すこともあった。本当にこのような方法でよいのかを悩んでいた。アドバイスを受けて、窓から飛び降りるというようなことをA児が言ったときも、まったく反応しないようにした（もちろん気づかれないよう、常に様子は見ていたが）。すると、相手にされないことが分かると自分の席に戻ってきた。

## （2）見通しを持たせること。

授業の内容を事前に伝えるようにしていった。

①休み時間の間に、次の時間の初めの教科書のページ数を教えておく。

②授業の内容を口頭で短く伝えておく。

授業前の一分間ほどで伝えるようにしていった。すると、驚くほどスムーズに学習がスタートできるようになった。

## （3）校長との連携の体制を整えること。

「先生、僕一人で連絡帳書けたよ。明日から、一人で書くねん」とA児。一人で連絡帳を書くことができた。A児に「すごいね。本当によくがんばったね」と褒めた。クラスのみんなからも「A君、本当にすごいよ。とってもきれいな字だよ」と言ってもらえた。そして、連絡帳を持って一緒に校長のところに行った。校長に連絡帳を見せた。校長は、「A君、丁寧な字だね。とってもよく書いているよ」と言ってくれた。A児は、本当にうれしそうに「俺、絶対、明日も一人で書くねん」と言って、連絡帳をクラスの児童や学童の先生に見せていた。

どうしても止めさせたい行動のときは、「校長先生のところに行ってもらいます」とA児に告げるという方法はよくないとアドバイスをいただいた。不適応行動を起こしたときに、「校長室に連れていきます」と言ってA児を怖がらせるのではなく、「校長先生に賢いとこ見せなきゃ」というふうに、A児にとってよい影響が出るように連携していこうと考えている。

また、会議でも、A児のことを報告し、「褒めて下さい」と他学年の教員にもお願いをした。A児は色々な場面で、声をかけてもらっている。

## 4 子どもの変化

### (1) 体育の授業に積極的に取り組む

「俺がボール持っていくわ」と言って、手助けをしてくれるようになった。チャイムが鳴り、体育の時間が終わった休み時間のことである。頼んでもいないのに、一番に気がついて手伝いをしてくれるようになった。集合のときには、走ってかけつけ、指示をする前に「前へならえ」をするようになった。また、並べていない児童にも声かけをして並ぶように促している。以前は衝動性のある行動が目立ったが、今ではほとんどなくなった。

### (2) 授業中、席を立たないように努力する

「俺、すごいやろ、ほんまに賢いやろ」とできたことを報告しに来るようになった。

不適応行動を無視してから、A児は不適応行動をすぐに止めるようになった。下半身を見せびらかすことはなくなった。授業中の立ち歩きも減り、一時間、座っていられるようになりつつある。

しかし、授業中に新たな不適応行動が出てきた。

「教科書を破る」である。A児が教科書を破ったときに、強く叱責してしまった。初めは、なぜ教科書を破るのか訳が分からなかった。しかし教科書を破った二度目のとき、理由が分かった。A児が教科書を破ってしまうと

きは、授業中ずっと席に座りつづけている。つまり、立ち歩くのを我慢するために、教科書を破っていたのである。A児に「歩かないように、我慢しているんやろ」と聞くと、「うん」と答えた。このときは猛反省をした。自分が、子どものことを分かったつもりになり、傲慢になっていた。行動には意味があり、どんなときでも子どもは一生懸命なんだということが分かった。A児に「がんばってるんやね。えらいね」と言うと、教科書を破ることはなくなった。

## (3) クラスの児童を励ますようになる

授業中、挙手し、答えられなかった児童に対し、A児は「大丈夫、手を挙げられるのが、賢いんです」と言う。また、クラスの児童が忘れ物をして物を借りにきたときに、A児は「忘れ物をして、借りにくる子がえらいんです」と言う。様々な場面で、指導していったことをA児はクラスの児童に言うようになってきた。普段の言葉がけは本当に大切なのだと実感した。

### 〈「褒める」ことで子どもが変わる〉

A児の変化を通して、「褒める」ことが最も大切だとよく分かった。褒められた子どもは本当にうれしそうである。子どもを褒めることで、教師は子どもに寄り添うことができる。サークル代表の指導も安原ドクターの思想も、どの場面でも子どもに寄り添っている。今後もサークルで教師修業を続け、子どもが幸せになる教育を目指していきたい。

**ドクター（安原昭博氏）のコメント**

行動から見ると、家庭に問題があるということが想像されます。まずは親子の愛着形成がうまくいっているのかということを確認することが必要です。親子関係がうまくいっていないようなら、母親が子どもに愛着が持てるようにサポートをし、母親の行動改善を促しましょう。また、愛着障害の子は、集団で学んでいくよりは、個別にその子が愛情で満たされるという空間をある程度保証した方がいいです。心的ケアを含め、成長させていくプロセスが欲しいのです。

担任の先生が、すべての時間を一人の子どもだけに向けて愛情を注ぐということは不可能です。また、カウンセラーが入ったとしても、週一回の数時間に限定されます。そこで、一番長い時間、彼に愛情を注げる存在である保護者に、ペアレントトレーニングを受けてもらうということが必要になってきます。

愛着障害の子は、すぐに結果が出るとは思わない方がいいです。引き継いでいく必要があります。信頼できる専門家にかかるべきだと思います。

**監修者のコメント**

医療の現場でいつも思うことは、本当に悪い子どもはいないんだということと、一生懸命、自分のために生きているということです。自信がつけば、ほかの人が嫌がることをすることなど、ありません。正しい行動を抑制的にしていくのです。褒めることから、すべてが生まれます。

# 学力が低く自信をなくし、不適応行為に走る子どもへの対応

ドクターのアドバイスにより道が開け、よりよい指導ができた

大阪府公立小学校　後藤裕美

## 1　子どもの状態

A君、現在四年生。三年生のときに、特別支援学級（ひまわり）在籍を保護者が決意。学校を嫌がる、勉強から逃げる、ごまかす。指摘されると、泣いて怒ったり、教室を出ていったりすることもあった。宿題はしてこない。朝、起きられず、朝食を食べずに来る。遅刻する。漢字が書けない、覚えられない。プライドが高い。

### (1)　最初の方針

①ひまわり学級に通えるようにする。
②意欲的に学習できるようにする。

そのための具体的方策。

特別支援学級担任でありながら、理科専科を兼任している私は、三年生のとき、A君を理科の授業で見ていた。そのとき、ノートまとめやテストがなかなかできなかった。実験は好きだし観察力もあったので、理科は好きだ

と思われたが、ノートをまとめたり、知識を覚えたりするのが厳しかったので、学力も低いのではないかと推測する。まず、彼と信頼関係ができるようにと心掛けることにした。

## (2) 四月始業式で

担任発表があり、四年生の担任も持ち上がりと分かった。私はひまわり学級担任と発表された(理科専科もするのだが)。

校内には、ひまわり学級と思しき子がいなかったので、六年生の子が学級担任に、「ひまわりの子、だれ?」と聞いて、担任が「A君ちゃうか」と言ったことが問題になる。放課後、六年生の男子が、A君に「お前、ひまわりなんか?」と聞いたことで、A君はショックを受けてしまう。また、それを聞いていた四年生のS君が、少しからかった様子。

次の日に、お母さんから長い手紙が四年学級担任のもとに来る。A君や保護者は、ひまわり学級に入級することは分かっていたが、からかわれることを一番恐れていた。つまり内密にしてほしかったようだ。その事情を知らなかった六年生担任が言ったとしても仕方ない。

このことをきっかけに、A君や家族にとって、ひまわりは高いハードルで、母子共にまだ受け入れていないということが分かった。六年の子に言われてショックを受けたA君に対して、トラブル処理をした後、事の成り行きを四年担任が電話で父親と話した。父親は、いい感じで受け止めてくださった。そのときに私も電話に出て、「よろしくお願いします」と挨拶した。それが初めての挨拶だった。いい感触だった。

そんなことがあったので、私のことも、三~四年の習熟度ということで子どもたちに紹介された。つまり、A君のひまわりは内密にされ、その後の家庭訪問にも私は行かなかった。

## （3）四月の様子

①算数の「楽しい算数」の答えを写している。（宿題）
②国語の漢字のプリントをする。（宿題）
③嫌な科目はしない。
④朝、遅刻する。
⑤授業中、突っ伏している。
⑥逃げる。教室外へ逃亡。
⑦友達とトラブル。
⑧体育のスポーツテストを一切しない。逃げ回る。でも五〇メートル走は走らない。

## （4）彼にしたこと

①教室に入って、色々な子の支援をする。むやみやたらに、A君のそばにつかない。
②時々、彼のそばに行って、できていることをうんと褒める。できていないことには指摘しない。
③主に、ほかの子の指導に当たる。
④国語の教科書に目立たぬよう小さく薄い字で読み仮名を振った。みんなと同じように読めるように配慮した。

## （5）ひまわり学級で学習できるまで

五月中旬のこと、体育が嫌で講堂に来なかった。教室に行くといなくて、その辺に隠れていた。見つけて、いったん理科室で一緒に過ごしたが、「体育に行く?」と聞くと、黙って教室に戻り着替えた。私が「体育やってるなあ。見に行くか」と言うと、黙って、講堂まで行った。

A君は講堂に入って、体育を見学した。私は、A君が活動に入ってこないかなと思い、ほかの子どもたちと一緒に体育をした。体操のとき、そばでA君が見ていたので、「ああ。床に寝転んだら気持ちいいわ」と言うと、A君も寝転んだ。そして、彼のできることだけ、体育で一緒に活動した。私の誘導で、A君が体育の授業を受けられて良かったと思った。

その後も、勉強が嫌で逃げ出したとき、理科室で一緒に過ごした。彼は、実験用具をさわったり、色々なものを見たりしていたが、私はあまり構わなかった。時々、にこっとして、「実験好きか」と言って、関係をつくろうとした。

算数をとにかく嫌がった。担任の先生は、私と「理科室か、学習室か、ひまわりで、一緒に勉強するか?」と聞いてくれた。そして、A君は私と二人で勉強をすることになった。「理科室もいいけど、勉強道具ないからな。ひまわりでするか」。A君は、「うん」と言って、ひまわり教室へ。でも、「やっぱり止めとく」と言う。靴が外に置いてあるからだ。私は彼の靴をすぐに中へ入れて、彼が入ると透明ガラスを塞いで、中が見えないように配慮した。カーテンも閉めたまま。落ち着かない様子だったが、そこで学習した。写すだけでなく、教えると、理解した。初めて、ひまわり教室で二人で学習できた瞬間だった。

それから、ひまわりでの学習が始まった。だいたい、一日に一~二時間過ごした。学習が終わったら、絵本を読んだり、図鑑を見たり、パズルをしたりして過ごした。A君は世界地図のパズルが気に入った。

### (6) ひまわり学級での教え方

気をつけたことは、エラーレスラーニングだった。間違わないように、うまく導いた。すべてに丸をつけて、一〇〇点と書いた。漢字は花丸をつけた。漢字ドリルにも、一〇〇点を書いていった。×は、つけなかった。やり直しは、声をかけてからさせた。

ひまわり学級で成功体験を積むと、いろんなところに自信がついたのか、力を発揮するようになった。教室でも学習から逃げ出すことがなくなった。意欲的に学習するようになった。突っ伏していたのが、できることはするようになった。プールでは、五メートルしか泳げなかったのに、三八メートルも泳げるようになった。

### (7) 一学期末の懇談会にて

お母さんから「ひまわりに行かせて良かった」と言っていただいた。「朝も元気に登校するようになって良かった。学校での話もよくするようになってうれしい」と言っていただけた。何よりもうれしかった。

## 2 安原昭博ドクターのアドバイス

①A君が自信をつけるようになって、セルフエスティームが上がっている。指導や対応はそれでいい。彼は、かなり学力が低いと考えられる。お母さんも苦しんでおられる。お母さんのサポートも、しっかりとしてあげてほしい。
②算数のどこがつまずいているのか、見極めて、彼に合った学習をしなければならない。近藤先生（YCC子ども教育研究所）の算数のソフトも活用するといい。
③WISCなどできっちり調べた方がいいかもしれない。彼の弱いところを分析して、彼に合った学習や対応をしなければならないと思う。

## 3　アドバイスを受けての現場での教師の取り組み

今までは、毎日一時間、ひまわりに来ていたのだが、その時間には、漢字の宿題プリントや教室でできなかったノート写し、テスト、プリントなどをする時間にあてられた。常に学級担任主導で、彼自身の学習ができないでいた。そこで、そろそろ彼独自のカリキュラムで学習したいことを学級担任に告げ、彼の能力に合わせた学習を始めることにした。

最初に、近藤先生にいただいたパソコンのソフトを使って、視知覚機能を調べた。A君は、視知覚機能には特に大きな問題はなかった。記憶力もまあまあ良かった。

算数は、パソコンを使ってアセスメントを調べた。足し算はできた。引き算は、繰り下がりが弱い。また、筆算になると、やり方を忘れていた。九九は完全に忘れていた。

そこで、パソコンソフトの足し算から始めた。毎日少しずつ、レベルを上げた。繰り上がりのない足し算、繰り下がりのない引き算が終わると、九九をした。九九は、順を追って、二の段から進めて、全部上がり九九を覚えさせた。バラバラ九九をまた一通りパソコンでやって、プリントをした。そして、定着を図るため、毎日フラッシュカードをやって、プリントを一枚した。プリントには意欲的に取り組み、毎日、丸つけを楽しみにし、それで一喜一憂していた。

今は、九九の定着とともに、二〇玉そろばんで繰り下がりの引き算を学習し、繰り下がりの引き算のプリント、そして、お買い物を想定した問題をノートに書いて、学習している。

二学期から連絡ノートを始めた。私と学級担任とお母さんとの交換日記のような連絡ノートだ。学校の様子を細かく書いていった。最初はお母さんもよく見て、お母さんも思いや家での様子など書いてくださった。しかし、だんだんハンコだけになり、持ってこない日も続いた。A君に声をかけると、また持ってきてくれるが、お母さんの方が忘れていたり、見ていなかったりするらしい。お母さんとの連携が必要だ。

## 4　子どもの変化

縦割り班では、二学期に「なかよしウォーク」「うきうきフェスティバル」などがある。集会も縦割り班で行われる。一学期には、班での話し合いに参加できないこともあったが、二学期以降は、自分の話もできるようになった。特に、うきうきフェスティバルのお店番では、ボウリングのピンを立てるという仕事を、黙々とやることができ、準備でもみんなと協力してできた。

ある教師が休暇を取ったことで、私がA君のいる環境委員会の担当になった。環境委員会は掃除時間に放送をする。A君の担当は月曜日だ。忘れることもあるが、きちんと責任を果たしている。一一月に掃除キャンペーンを行い、その賞状をつくった。きれいに書いたり、色を塗ったりできた。そして、集会のときに舞台に上がって、一年生に表彰状を渡すことができた。すごい進歩だ。今までは考えられなかった。

理科の時間に、ノートを全然書かなかった時期があった。しかし、今回、やらねばならないと個別にノートを見て、写すことを徹底してさせた。最初は嫌々やっていたが、「写すのもお勉強です」と、彼のできることなのだから徹底したところ、がんばって書けるようになった。また、実験は好きで、よくやるのだけれど、テストになると実験結果をすべて忘れているので、テスト前にタブレットから、実験の動画を見せた。最初は「邪魔くさい」と言っていたが、最後は動画を見ては、納得し、テストもがんばって答えることができた。動画も分かるまで何回も視聴し、がんばりぬくことができた。今までになかったことだ。

敬老のお手紙を書いた。「これは、お手紙やから、きれいに書くねんで」と言うと、今までに見たことのないぐらい美しい字で書いた。書けるということが分かった。すごく褒めたら、漢字を書く字も前よりもずっときれいになった。

## 5　安原ドクターの見解

この児童は、やはり、WISCを取った方がいいと思う。そこでの判断しかできない。

できるようになったこと。

①遅刻をしなくなった。遅刻をしても、すぐに教室に入って授業を始められるようになった。

②友達とのトラブルが減った。嫌なことがあっても、怒ったり泣いたりせずに、先生や友達に助けてもらったりして、パニックになることがほとんどなくなった。ちょっとしたことは気にしないで過ごせるようになった。

③友達との関わりが増えた。休み時間は必ず友達と遊べるようになった。

④図工が自信を持って描けるようになった。前までは筆が止まり、なかなか進まなかったが、今ではどんどん描けるようになった。

⑤体育の授業へ参加できるようになった。

⑥文字が美しくなった。丁寧に書けるようになった。

⑦前へ出て発表ができるようになった。

⑧自分が苦手なことから、逃げなくなった。

二学期の懇談会では、本当に保護者にも心から感謝された。そこで、彼への指導、関わりへの経過を安原ドクターに報告した。

安原ドクターのアドバイス

①軽度知的障害である。
②将来の就労のために、障害者手帳は取った方が望ましい。
③国語の学習はイメージを広げる学習をする。マップを用意し、連想する言葉をつなげていく学習をするといい。
④言葉やイメージを広げる学習アプリがあるので、それを入手して、タブレットなどでやるとよい。その学習アプリは、キーボードが出てくるので、ローマ字入力の練習にもなる。録音機能があるので、入力して、出てきた言葉を音読し、録音してその音声を客観的に聴くことができる。音読したり、聴いたりしながら、学習が進められるのでいいと思う。

この言葉を受けて、二学期の最後にＷＩＳＣⅣを実施した。補助検査も行った。

結果　短期記憶が弱い。ＩＱ69。

この結果を受けて、三学期の学習を計画した。

①算数は、今まで通り、基礎基本を中心に学習する。ただし、パソコンやアプリを使っての学習も展開していく。
②国語の漢字では、四年生の学習をしているが、今後は、学年を下げて、覚えられるものから覚えていく→タブレットを使ってなぞり書きから始める。読みを中心に行う。
③イメージを広げる学習、マップ→作文につなげる、ＩＴ機器を活用する。
④保護者に事実を伝えるとともに、サポートしながら、彼の今後について、考えていく。

学年を下げて学習することに抵抗がなくなり、素直に自分を受け止められるようになってきた。できないと投げずに、努力することを厭わなくなった。周りの目はやはり気になるが、ひまわり学級では、いい意味での自分を出せるようになった。保護者にも事実を伝え、一緒に将来を考えていくことの理解ができた。自分ひとりではなかなかできなかったことが、ドクターのアドバイスによって道が開けて、よりよい指導ができたと考える。

**ドクター（安原昭博氏）のコメント**

事例を読んでいると、LDではないでしょうか。学習能力が落ちているのか。知的障害なのか。算数が特に苦手なのであれば、算数障害があるのか。——ということを診断した方がいいと考えられます。診断の結果、子どもに適切な教育をするということが大事なのです。

また、ワーキングメモリー（短期記憶）が弱い場合、算数障害である可能性が高いと考えられます。算数障害の子の教育方法に、完全に切り替えた方がいいケースです。まず、個数の概念から丁寧に教えるようにしないといけないケースだと思います。

気になるのは、母親が特別支援学級に対して先入観を持っているということです。発達検査を取ることによって、母親の子どもに対する理解が深まるのではないかと思います。家庭で否定的な言葉を子どもにかけているのであれば、前向きな言葉で語りかけて褒めていかない限り、子どもは伸びません。一番大事な部分だと思います。

時間がかかるケースです。母親にもステップが必要ですので、一緒に寄り添ってがんばるようにしてください。

**監修者のコメント**

子どものＷＩＳＣを知るということは、その子の弱いところ、強いところを知ることができ、目標設定ができるということです。短期目標の積み重ねが長期目標にもなります。そうすれば怒らないし、腹も立たないのです。

# 子どもの見方が変わった！

## 特別支援連携セミナーでつながった実践
## 感覚統合の視点を入れると子どもの見方が大幅に変わる

熊本市立秋津小学校　野口　澄

## 1　特別支援連携セミナーによるつながり

ＴＯＳＳ熊本で特別支援連携セミナーを開催した。そのなかで学習会に発展したものもある。満永晴美氏（山鹿リハビリテーション病院、作業療法士）との学習会もその一つである。

例えば、次のような感想が聞かれた。

**〈感想１〉**

作業療法士、満永晴美氏との勉強会に参加しました。ビデオに写された子どもを見られた満永氏の話を伺い、一言一言が目から鱗でした。また、作業療法士の方が子どものどこを見るのかというヒントもいただきました。

**すべての行動に理由がある。**

例えば、姿勢が悪い生徒→姿勢をまっすぐに保つことが難しい。

上手に自分の体勢を維持できないというのが分かりました。

くしゃっと体を曲げて座ったり、足を投げ出したり、片足をあげて座ったりといろんな体勢の子どもを例に挙げられましたが、たしかに教室にいます。

また姿勢を保つ力が難しい子どものなかには、体の運動のイメージができづらい子どももいる。→ラジオ体操が上手にできなかったり、腕を交差できないこともある。

## いかに脳を目覚めさせるか。

私にとって、とても重要な視点でした。担当の生徒は登校だけで疲れるので、来てすぐは、ぐたーっと机に突っ伏しています。時々寝ています。それで、朝自習は今はしていません。いかに脳を目覚めさせ、テンションを上げるかというのが課題の一つです。脳を目覚めさせる手段として触覚や、前庭覚などの感覚刺激の入力を試みる。砂場の砂をさわる、走る、水に触れる、読書する等、子どもによって有効な感覚刺激は違うのでその子に合うものを探していく。

知らないことばかりで、すべてが学びでした。もっともっと知らなければと思いました。

### （感想2）

「人指し指の腹でなぞり書きができない状態は、手首を起こした状態を保つ筋肉の力が乏しく、手首を内側に強く曲げた状態で止めて人指し指を動かしている為だろう。手首を起こした状態を保てるようになるには、姿勢を保つ力や肩～上腕～前腕の筋肉の運動なども関係している。指の腹でなぞり書きをすると、触覚と固有感覚刺激も脳に情報として伝わる。手首を起こした状態では親指とほかの指が合いやすいが、手首を内側に曲げた状態では、親指とほかの指は合いにくい」

人差し指の腹でなぞり書きができない子どもの状態が、なぜそうなっているのか、指の腹を使えるようになるためにはどうすればよいのかということを知ることができました。

行動の意味が具体的になり、指先の動きまで、すべてに意味があることが分かりやすく話されて、頭がすっきりする勉強会でした。


**（感想3）**


「感覚統合の視点」からの、発達障害の子どもの見方はもっと学んでおくべきである。

初めて知ることばかりであった。

「子どもの行動はすべて理由がある」と言うが、その理由は勉強していないと分からないと思った。

指書きができない理由。

跳び箱が跳べない理由。

椅子に腰骨を立てて座れない理由。

鉛筆を正しく握れない理由。

ラジオ体操ができない理由。

ボーっとしてしまう理由。

これらが様々な感覚の情報処理の仕方や、体の筋肉の使い方、目と手の影響などが考えられることを具体的に示してもらった。

明日からの子どもの見方につながる。

## 2　満永晴美氏への相談事例

学習会において、質問という形で困っていることが話された。

以下は、それに対する満永氏の答えと、現場での実践事例である。

**（事例1）**

二年生の子どもですが、姿勢がすごく悪く、いつもひじをついたり足をあげたりして集中できません。

連携学習会において、満永氏に事例の質問をした。次のように言われた。

> 自分で体を支えることが難しいのかもしれません。手を椅子について支える。
> この子は姿勢が悪いように見えますが、ひじをつくなどして姿勢を安定させようとしているのだと思います。
> 見た目は「姿勢が悪い」ように見えても、本当は、その体勢がバランスがとれて本人は姿勢を良くしようとしています。

この話はとても衝撃だった。姿勢が悪いのではなく、「姿勢を良くしよう」としている結果であるという考え方が、である。この話を聞いて「姿勢が悪い子の見方」が変わった。

姿勢が悪い子。
↓
姿勢を良くしようとしている子。
（体のバランスを安定させようとする子）

一八〇度、見え方が変わったのである。すると、次のようなことを数週間後、話された。

「姿勢が悪い」と思って何度も注意していましたが、本人は集中しようと思ってあの姿勢になっていたんだと思いました。
注意するのでなく「がんばろうとしているな」と見るようにしました。
注意も少なくなり、ちょっと触ってあげると、シャンとなります。
ずいぶん、楽になりました。

二つ目の事例である。

**（事例2）**

Bさんは、人との距離感がつかめません。
本人に悪気はないのですが、特に異性のときに距離が近すぎて、嫌に思う子がいます。
高学年になるにつれて性の問題にも絡むので、重要な課題である。

そこで質問し、次のようなアドバイスをもらった。

**Bさんは、自分と人との距離感覚がつかみにくいのかもしれません。だから、どのくらい離れて話せばいいかを視覚的に教えてみてはどうでしょう。例えば、一メートルものさしを出して、このくらい離れますなど。**

次のように実践した。

**Bさん。前ならえ、してごらん。手を伸ばします。これより近くなってはいけません。**

「手を伸ばす」ということは、本人がすぐにできることであり、かつ、視覚的にすぐに分かる方法である。

Bさんの距離が近いときに、「Bさん、手!」と言い、実際に手を伸ばすようにした。

Bさんは、不安なときは手を伸ばしていた。最初、見ていたときはちょっと違和感があるが、だんだんとできるようになってきた。

専門家と連携するのは、専門的な「見方」を学ぶことである。すべて具体的な代案を教えてもらうわけではない。見方を学ぶことで、対応の方法の工夫につながっていく。一人で悩むより専門家、コーディネーターと連携した方がいい。

## 3　学びを広げる

満永氏との学習会が始まったのは、ＴＯＳＳのメンバーの授業を満永氏が参観されたことがきっかけである。満永氏は、指導法に感心された。そこで一緒に学習会をすることをお願いし、開催になった。そこから広がり、「特別支援連携セミナー」の講師を受けてもらうことができた。

連携セミナーでは、教師以外の方々が参加された。

以下、感想である。

**市会議員**　保護者や行政職員にも受けてほしいセミナーでした。

**保健師**　いつもとは違った視点から学ぶことができました。連携が今後も進んでいくように今後ともよろしくお願いします。

**看護師**　発達障害の診断をするドクターはたしかに少なく、診療も待機の方が県内医療機関でも多くあります。新患受付でもあっという間に定数になり、お断りするケースが多く心が痛みます。診療を受け、アドバイスするだけでご家族も安心されるケースも多いのではないかと思いますので、もっと相談窓口が広がるような取り組みができないだろうかと思っています。勉強会の開催を今後も計画していただき、より多くの方が発達障害を理解され支援していってもらいたいです。

**保護者**　アスペルガー症候群の子どもの母です。初めて参加しました。感覚統合の話など、知っていたつもりで、よく分かっていなかったことがあり、大変参考になりました。

**主婦**　私には障害のある孫がおります。将来を心配しておりますが、親も療育に行き、毎日がんばっております。先生方はこのようなセミナーを開催されていることを知り、うれしく思いました。参加できて良かったです。

**児童クラブ支援員**　私は児童クラブに勤めているのですが、今日講師の方たちが話された内容は障害を抱えられた方以外の人たちにも言えるのではないかと思いました。よく私は「がんばれ」と言ってしまうことがあるのですが、これはがんばっている子どもたちにとっては強要されているだけなのかもしれないと感じました。今日の話を聞いて、まずはがんばりを認めてあげることが大切だなと思いました。今日聞いたことを仕事に活かせるようにしたいです。

## 4　見方が変わる

感覚統合の視点で話を聞くことはほとんどなかったが、衝撃の話だった。

子どもたちの示す行動は感覚統合の視点で見ると、まったく反対ではないか、と思えるものも多い。特に「姿勢」ということに関しては、通常学級の多くの先生方が配慮の必要な子どもたちの特性で指摘されるものである。「○○ちゃんは、すぐにだらっとして、集中しない」などと、姿勢と集中力の関係で語られることが多い。見た目は、たしかにそうだと思う。

しかし、そうではないのである。悪いと思っている姿勢。その姿勢は、子どもたちにとって、安定させようとしている姿であり、集中しようという現れなのである。自分を支えることが難しい、という視点があるだけで、まるで景色が違って見える。

**作業療法士（満永晴美氏）のコメント**

感覚統合理論を体系化されたアメリカのエアーズ博士（一九二三～一九八八）は、読み・書き・計算・抽象的な思考などにおいて課題を持つ学習障害児の多くが、姿勢やバランス、注意集中などにおいても課題を示すことを見出されています。

感覚統合の視点を持つと、私たちが問題行動だととらえている行動の多くが、実はその子なりの精一杯の適応行動なのかもしれないということに気付くことができます。感覚統合の視点を先生方へお話しすると、「子どもの困り感を納得しやすくなった」という感想をよくいただきます。

本論文の著者、野口先生も感覚統合の視点を知ることで〝姿勢を良くしようとしている子〟ととらえ方が変わり、子どもさんの困り感に共感した関わり方へと変化されていました。野口先生の「楽になりました」という言葉がとても印象に残りました。

感覚統合を学び、教育の場に加わっている作業療法士も増えています。子どもの豊かな育ちの為のお手伝いをします。お気軽にご相談ください。

**監修者のコメント**

大脳皮質から考えていた心理や学習に対して、感覚統合はアメリカの作業療法士、A・J・エアーズが脳幹、すなわち感覚レベルの重要さを指摘した重要な理論です。基盤がしっかりしていなければ、学習はできません。どんな姿勢も行動も必要性があってしているんだということを理解しましょう。

# 「悪魔の仕業」という児童への対応

## 特別支援学級において「悪魔の仕業」と言う児童に対して、どのような方針で対応したか家庭、主治医と相談して対応した事例

熊本市立秋津小学校　野口　澄

### 1　まつげを悪魔がさわる

四年生の太郎君のことである。二学期に入り、次のように言っていた。

「まつげを悪魔がさわっている」

以前もまつげをさわるということがあったが、すぐに消えた。

今回はかなり強くなっており二分ほどはずっとまつげをさわっているのである。

次のようなことも言う。

「ばい菌が入ってしまう。死んだらどうしよう」「目が見えなくなるかもしれない」

家では、

「やめたいのに、やめられない」「口が勝手に動く」

などがあった。まつげに関しては「サングラスが効果がありました」と保護者からあったので、学校にも持ってきていただくように話した。

これらのことから「チック」を推察した。以前もチックが話題になったが、特に気になる面がなかったので調

べるまではしなかった。今回、「チック」について調べてみた。その上で保護者の方に提案していかねばならない。

次の方向を決めて提案した。

①チックかどうかは分からないが、これまでの経過より一過性のものと判断できる。
②対応は、サングラスをかけさせること。ひどく気にする場合は、見守るか「気にしない」という言葉かけをすること。
③運動会の練習があるので、無理させない時間割にすること。

家庭も学校も同じ方向で、同じ対応で共通実践をしていく必要がある。だから、私は保護者の方に、どういった対応がよいかの意見を聞くし、私からも学校での対応を話す。そうして、よいと思われるものを決定する。子どもにとっては、違った対応になることの方が悪い結果を生み出す。

## 2 「悪魔の仕業」と言い、帽子を飲み込もうとして吐く

三ヶ月たって、次のようなことが起こった。体育の時間に吐いたそうである。理由を聞くと「赤白ぼうしを口の中に入れて、おえっときた」ということだった。そのときに「悪魔の仕業」ということを話したそうである。

その日は年休をとっていたから、保護者から聞いた。太郎君は吐いたときは必ず報告していたが、交流担任に聞くと、吐いたことは知らなかったそうだ。

口の中に物を入れるということに関しては、二学期に何度もあった。消しゴム、ものさし、とびなわなどである。

口に物を入れるときは、大きくは二つの要因がある。

①嫌なことがあったとき。
②退屈なとき。

この延長と考えると、体育の授業で嫌なことがあったか、退屈なことがあったか、である。

しかし、「悪魔の仕業」という言葉が気になった。保護者もその点が気になると言っていた。「悪魔」という言葉を使うのは二回目である。以前は「目がなくなる。悪魔がさわる」という言い方をしていた。

これは「チック」ではないかと保護者とも話し合っていた。もし体のことであるなら、口周りに何か刺激となることが生じている可能性がある。新しい課題である。

精神的な不安定さが、体に出るようになった。それが二学期の特徴である。保護者の方は大変、不安に思われている。

次々に、太郎君は新しい反応を示してくる。これをどう捉えればよいのか。このことを多くの先生方に相談し、次の方針を立てた。

1　主治医と相談する。
2　カリキュラムを根本的に見直す。

本事例は数ヶ月に及ぶ範囲で起きていることであり、医療の視点が入らないと解決に至らないと判断した。保護者との面談でも同じ結論に至った。カリキュラムに関しては、太郎君にとって無理をさせているのではないかということが考えられたからである。

もう一度、見直し、新しく方向性を決めることとした。

## 3　悪魔の正体

太郎君が休み時間に、いきなり謝ってきた。

「この玉を取ってごめんなさい」

支援学級にあるおもちゃである。

「悪魔が取れって言った」と太郎君は話した。このように明確に言ったのは初めてだった。

次の問いをした。

**問1　悪魔はどこにいますか。**

頭を指差して「頭の中です」と答えた。続けて「記憶倉庫にいます」と答えた。

〝記憶倉庫？〟と思った。このような言葉を聞いたのは初めてで、太郎君にとってはすごく難しい言葉である。

**問2　記憶倉庫ってお母さんに聞いたの？**

「違う違う、悪魔が言ったの」

**問3　悪魔は怖いですか？**

「怖くない」

**問4　悪魔ってどんな顔？　ちょっと描いてみて。**

「ハゲで……」と言いながら描きはじめた。〝デビルマンか！〟と思えるような顔だった。

たしかに……悪魔だ。

問5　悪魔っていつ出るの？
「遊んでいるとき」
問6　勉強のときは？
「出ない」
問7　悪魔がやれって言ったとき、何と言ったの？
「嫌だ！」と言った。
問8　悪魔は太郎君の手を動かせるの？
「うん」

驚いた。これをどう捉えるのか。保護者の方にも伝え、「お医者さんに相談をお願いできますか」と言った。保護者の方は、このようなことが分かって良かった、おもしろい、というような反応をされた。この部分だけ聞けば、すごいことになっていると思うが、生活のほとんどの時間は情緒が安定しており、問題ない。カリキュラムをずいぶん変えたので、太郎君も落ち着きを取り戻しつつある。日常生活に支障はない。

## 4　イマジネーションコンパニオン

小児科医に相談に行った。これまでの経緯を、保護者（家庭）と私（学校）の二つで話した。
お話しいただいたのは、

**イマジネーションコンパニオンの疑いが強い。**

ということだった。「空想上のお友達」ということだ。よく見られることだそうだ。例えば、何かやりたいけれど責任がとれない状態のとき、架空の人物の責任にする、というものだそうだ。ずっと放置すると、色々なことを空想上の友達の責任にするようになるそうだ。

対応としては、

「刺激を減らしていくこと」

である。

これで少し見通しがついた。交流と支援学級での授業の仕方、内容を変えていき、修正していく。

## 5　刺激を減らす仕組み

小児科の先生の話から、交流の時間に一人で学習する環境を見直した。

例えば、交流での「社会」「学活」などの時間は支援学級で行うようにした。国語、算数の授業はできるだけ「一対一」になるように、教室の配置を変えた。アコーディオンカーテンや仕切りをつくり、私との授業スペースだけとるようにした。支援学級の授業を増やしていった。

## 6　見学旅行での変化～交流の子とトラブルが減った

二学期の見学旅行では、交流の子とのトラブルが多くなり、バスの席をとなり同士にはできない、というくらいになっていた。

しかし、今回の見学旅行は、一般のバスを利用することもあったかもしれないが、まったく交流の子とのトラブルがなくなっていた。高学年に近くなり、周りの子が落ち着いてきたことと、支援学級での授業を多くし、カリキュラムを変化させてきたことが要因として考えられる。

弁当を食べるときも交流の子の輪の中で食べ、遊びも一緒にやっていた。博物館と伝統工芸館を見学したが、班行動もできていた。悪魔の仕業はかげをひそめた。「すごく成長していたんだ！」と改めて気づいた。

本事例はカリキュラムが次第に子どもに合わなくなっており、子どもが無理をしていたことが一つの要因であるように思う。

小児科医の先生からアドバイスをもらったことはとても心強かった。

初めて聞く言葉だったが、「空想上のお友達」という視点があるだけで、余裕を持って対応できるし、安心感がある。何より、保護者の方とも共通の認識で取り組むこともできる。

医療との連携を考えたのはＴＯＳＳで学んできたことが大きい。

もし、つながりがなかったら、一人で悩んでいたと思う。色々な方と協力して子どもを見ていくことの大切さを学んだ。

**監修者のコメント**

一見、精神障害の症状であるように見えるようなことが、子どもには時々、見られます。医療は症例報告を大事にし、世界中の情報が集まってきます。まず聞いてみること。どこかで同じことが起こっているはずですから。

# 第8章

# 指導の原則を身につけ、授業力を上げることで子どもが変わる

# 授業力とスキンシップの対応！二つが揃って対応できた！

## 授業の原則を意識し、対応の原則通りに言ったら、トラブルが減った

長野市立緑ヶ丘小学校　小松裕明

### 1 「お腹が痛い」と泣きそうになる一方で、すぐに怒り出すM君

サークル員のI先生が、相談を持ち込んだ。I先生は、新卒三年目の先生である。小学校二年生のM君。以下のような状態だった。

①お腹、頭が痛いなどで授業中に頻繁に教師のところに来る。保健室へ行っても変わった症状は無いという。
②負けを受け入れられない。じゃんけんでは毎回、後出しをする。
③教師が間違いを指摘すると怒る。
④自分の思い通りにしたいため、友達とのトラブルが多い。
⑤感覚が過敏。気持ちが落ち着かないときに、さわっただけで泣き出す。

特に授業中に頻繁に痛みを訴えてくるので、学習に支障が出ていた。ほかの子もI先生に近づき、I先生はふ

り回されていた（ＶＴＲより分析した）。

いくつか質問をされ、発達障害ではない可能性も高いと言われた。例えば、「感覚過敏」とレポートに書いたが、気持ちが落ち着かないときのものなので、感覚過敏とは違うようだった。

この子の困った行動の原因を、Ｉ先生は発達障害のみに求めようとしていた。それは、解決策を外に求めるとともに、少しでも早く医療と連携したいという考えに基づいていた。

以下、Ｉ氏のレポートより紹介していく。

## 2　まずは、愛情を伝えるだけでも変わるかもしれない！

関ひろみドクターより、次のようなアドバイスを受けた。

①教師のスキンシップを増やす。
②母親との懇談で、一日一回はスキンシップをとるよう伝える。
③ダメなものはダメでよい。
④もし、発達障害の子でもお母さんの愛情を伝えることと褒めることで、行動面が改善される部分も多い。
⑤その上で、改善が見られなければ、すぐに医療的なケアを勧める。
⑥学校の巡回指導員（力のある先生）の先生に見てもらう。
⑦小松氏・小嶋氏の授業のように指示を明確にし、どの子も満足できる授業をやっていくことも必要である。

この方針をもとに、指導をしていくことになった。

## 3　スキンシップを強化した

母親との懇談を設けて、実情を話した。話しにくいところは、学年主任に話してもらった。そして、スキンシップのお願いをした。

両親ともに仕事。兄がいるが、中学生になり部活で忙しいという。そのため、家にいても一人で遊ぶことが多い。お母さんは、「M君は、一人でいるのが好き」と言っていた。しかし、M君は「一人だから寂しい」と言ったことがあった。そのことも伝えた。途中から、お母さんは反省をしながら話しているようだった。

「中学にいる兄のスケジュールが優先されてしまう。部活が忙しいのですが、Mに向き合えていなかったかもしれません。そして、甘やかしていた部分もあったと思います。年の離れた下の子なので、遊んでいてもMだけおまけをしていました。例えば、三回戦のじゃんけんでも、Mは一回勝てばいいなど、M有利のルールでやっていました。兄もよく遊んでくれますが、『すぐに泣いてしまう』からと、M君のやりたいようにしています」と、家でのM君の様子がずいぶんと分かってきた。

そのなかで、スキンシップのお願いと、「M君ルール」を減らしていくことをお願いした。

「一日一回は、ギュッと抱きしめてあげてください」「できたら『家に帰ったとき』『寝る前』の、一日二回を毎日やってください」と具体的にスキンシップのお願いをした。

さらに、「本人が求めるなら、抱っこしてあげてください」ということもお願いした。

WISCⅢをとることの承諾ももらえた。懇談の最後に、こまめに電話連絡をとることも確認した。

「しばらく落ち着くまでの間が大事なので、学校の様子など電話で連絡させてください。がんばっている子なのでよいところを伝えますので、家でも褒めてあげてください」

と告げた。

懇談の後、母親も気にかけてくれたらしく、学校でも落ち着くようになった。

少しでも、よくなった部分を電話でも連絡をした。

「今日、ジャンケンで負けたときにがまんできたんですよ。えらいなあって褒めて『高い高い』をしました。うれしそうにしていました。家でも、ぜひ褒めて『ギュッ』としてください」

などと、スキンシップのお願いは電話でもするようにした。

痛みや負けを我慢できたときに褒めたり、スキンシップを増やしたりしたことで友達と一緒に遊ぶ姿が増えた。褒めることも増えていった。


同時に、学級全体でも積極的にスキンシップをとった。
①問題を解いたときや音読をした後にハイタッチをする。
②休み時間に一緒に遊び、抱っこや高い高いをする。
③スキンシップがとれる遊び（手押し相撲など）を取り入れた。
学級や授業が崩れないようにも意識した。

「お腹が痛い」

と近づいてきたときも、

「今、お勉強中だからね。休み時間になったら、先生が抱っこして治してあげるからね。えらいね。がんばってね」

と戻した。ほかの子も授業中に崩れることがなくなった。

それまでは、私がM君に引きずられて保健室に連れていくことが多かった。自習の時間や空白の時間も生まれていた。

## 4　授業の原則を意識する

ＴＯＳＳ教材や『授業の腕をあげる法則』（向山洋一著）など、関ドクターも絶賛した。

ＴＯＳＳ教材は、どの教材も価値があることを話してくれた。「ソーシャルスキルかるた」「うつしまるくん」「作文スキル」「百玉そろばん」「ＴＯＳＳかけ算九九尺」「おてほんくん」など、いくつかのものについては、子どもトレーニング等で医療現場でも使いたいと話してくれた。

授業の原則のなかの、次の部分が特にできていないと推定された。

第四条　全員の原則　　指示は全員にせよ。
第七条　空白禁止の原則　例えひとりの子どもでも空白な時間をつくるな。

Ｍ君に追われ、この二つが疎かになっていた。だから、学級がざわついた。それがもとでＭ君も不安定な行動が出やすくなった。悪循環だった。徹底的にこの二つを意識した。

さらに、

第八条　確認の原則　　指導の途中で何度か達成率を確認せよ。
第十条　激励の原則　　常に励ましつづけよ。

を意識した。正しい行動をしている子をしっかり確認し、褒めた。そのことで全体の集団の動きをつくっていこうとした。

さらに、

第一条　趣意説明の原則　　指示の意味を説明せよ。
第二条　一時一事の原則　　一時に一事を指示せよ。
第三条　簡明の原則　　　　指示・発問は短く限定して述べよ。

を意識して、分かりやすく全体を動かした。しっかり動けている子を褒め、強化した。そのなかでM君も授業に参加できた。個に追われがちであるが、教師の授業力で子どもの行動が変わるのだ。

授業の原則は、結局すべてが重要だった。全員を動かしながら、授業の原則を意識しながら、授業を改善した。

そんななかで、巡回指導員の先生の訪問を受けた。

「M君は、とてもよくなってきているから、検査はまだ必要ありません。今のままで継続してきましょう」と言ってもらえた。

## 5　保健室に行かなくなった

M君に対するスキンシップを増やすよう心掛けた。褒めるときにハイタッチをする。頭をなでる。クラス全体を動かしながら、頭をなでる。背中をさする。休み時間には、腕にぶら下げたり、抱っこをしたりした。

そういうことを意識して、二週目ぐらいから、M君が変わった。自分から甘えるようになってきた。「抱っこして」と自分で言うようになってきた。

そして、それとともに、「お腹が痛い」が減ってきた。痛みを訴えてくることが少なくなってきた。授業中に訴えてくることがどんどんなくなってきた。訴えてくるときは、勉強につまずいているときだった。それも分かると、続けて勉強ができた。

I先生は、次に課題に向けて取り組んだ。M君が負けを受け入れたり、ルールを守れたりするようにしていくことである。

次のような対応をした。

①名句百選かるたを行う。

②じゃんけんのときはM君の方をチラっと見る。

③M君が怒ったときは、基本的に無視をしている。目線を合わせることをしても、何も声をかけないでいる。

④落ち着いた後に話す。

⑤怒らないでできたときに、褒める。

この方針は、関ドクターは不在だったが、作業療法士の栗林氏にも助言をもらった。かるたは有効だった。取られて苛立ち始めたときに、わざとM君が取れるようにして読んだ。M君がずるをしないように、怒らないように、近くで見ながら札を読み上げた。

タッチの差で相手の札になったとき、

「すごいなあ。怒らないで、かっこいいなあ」

などと褒めた。それが、だんだん、自分で正しくジャッジするようになっていった。

数を数えるときに誤魔化すこともあったが、いけないことはいけないと話した。そして、正しくできたときは褒めるようにした。

うまくいかなかったことについて後で話すときは、抱っこしているときが多かった。いけないことを認めたときに、必ず褒めるようにもした。

M君は、トラブルが減っていった。そして、休み時間の遊びも変わっていった。以前は、教室で自分のやりたいことに付き合ってくれるおとなしい女の子と過ごしていた。しかし、二年生の終わりには気の強い男の子と一緒に校庭でサッカーをするようになった。ルールが受け入れられるようになったからできたのだろう。

**ドクター（関ひろみ氏）のコメント**

学校生活において、友達とのトラブルが多かったり、感覚過敏があったり、情緒的に安定しないお子さんは、すぐ「発達障がい」に帰結しやすい風潮があると常日頃感じております。まずは、「発達障がい」としてすぐに色メガネで見るのではなく、家庭環境、親の養育能力など生活環境にも視点を向け、お子さんの気持ちに寄り添っていくことが大切です。

そのような観点から、このM君の事例は、家庭と学校の役割分担をそれぞれ明確にして、家庭との連携を密にはかっていく先生の地道な取り組みが、M君の心の安定につながっていった貴重な事例だと思います。さらには、「授業の原則」に立ち返り、クラス全体の底上げにもつながったことは、クラス運営において、この「授業の原則」の重要性が実証されたものと思います。

**監修者のコメント**

人と人との関わりを増やすこと、スキンシップはとても大事です。我が国では変に見られることもありますが、海外では大人でもハグをしてきます。少し驚くこともありますが、子どもたちとのハイタッチ、握手、膝と膝をつけて話をするなど、こちらからの距離が前腕や大腿の距離を割っても、子どもが嫌がらなくなってくれれば、その子どもと心が通じていることになるのです。

# 指導の原則がある

## ～そこを拠点として様々な事象から自分の指導法を強化していくことが必要である～

茨城県水戸市立浜田小学校　桑原和彦

### 1　「神様からの宿題」～子どもたちと出逢う前

以前勤務していた学校での事例である。男性担任は、私一人。「体育主任は間違いない。おそらく五～六年担任であろう」と予想していた。担任発表は三月中にはなく、四月二日の第一回職員会議にてあった。

校長からの発表は何と二年⁉　会議が進むにつれて事情を理解できた。昨年、相当問題のある学年であったのだ（後にこれは学級崩壊だと理解）。生徒指導の引き継ぎ中、この二年生は全一六名中、一二名が生徒指導に名前が挙がっていた。

「これは大変だ」と思い、前担任に様子を聞こうと思った。しかし、である。前担任はその三月に退職されていた。主な理由は聞かされていなかったが、担任中に学校を休んだり、保健室で泣かれていたという。校長、教頭、教務主任をはじめ、算数ＴＴ（ティームティーチング）や養護教諭、二年担任も教室に入って指導にあたっていたそうだ。ひどい時には一つの教室で指導できず、校長室や空き教室の三つに分けて授業をしていたこともあるという。

保護者も、授業参観のときのひどさに驚き、参観日以外にも自主的に教室を見にくる親も出てきた。教育委員会でも、「〇〇小学校の一年生は相当大変らしい」と話題にあがっていたとのこと。このような伝達を受けて、私の頭のなかは困惑状態であった。そこで、教頭からの言葉。「でもよい子らだから、真っ白な気持ちで接してください」とのこと。具体的な指導内容がないことは肩透かしであった。

「これは神様からの宿題に違いない」と決意。すぐさま、始業式までの準備を本格的に開始した。異動したてで、学校のシステムが理解できないので後手後手に回る滞りもあった。しかし子どもたちのことが優先と、仕事のピッチをあげた。

**主にしたことは、ＴＯＳＳの黄金の三日間である。**

子どもの名前を覚えることから始めた。指導要録や健康調査票、家庭環境調査票に目を通し、必要事項をノートに書き込んだ。教材は、単学級の特権ですべてＴＯＳＳ教材を採用し、注文。学年便りや教室環境の作成。特に教室内は、徹底してチェックした。ゴミ箱は前に配置。余計な掲示物ははがす。投げられそうな物を排除。教卓を窓際に移動。それからノートづくり。学級経営で子どもたちに伝えること、各教科の授業開きや教材研究をコピーしたり、書き込んだ。そして臨んだ初日は、想像以上であった。

## 2　驚愕の初日～学級崩壊を体験

いよいよ初日。始業式で担任発表がされた後、子どもと対面した。式後に、子どもたちを教室に連れて行く。子どもたちは並んでついてくると思ったらとんでもない。室内履きで外の道をショートカットして一目散に走り出す子が半数。教室に入ると、ランドセルや手提げ袋が教室の床中に散らかっている。とっくみあいを始める子、お絵描きを始める子、それぞれに群がり、とても緊張感などない。

笑顔を保ち、「席に着きます」と全体に言った。真面目な女子の四～五名が席に着いた。あとは知らんぷり。

一人一人歩み寄って、席に着くように指示。これも大変。一人ずつ座らせてもまたすぐ離れる。あるいは一瞬こちらを見ても無視。すべてにおいてだが、「教師の威厳が通じない」「素直に聞かない」のだ。常識だと思う行為が伝わらない。ただただ座らせるのに、にらみも入りつつ一〇分くらいかかったのではないか。話以上に状況は悪かった。

子どもたちの名前を呼び、出席をとる。覚えてきた名前を呼ぶが、返事ができない子がいる。「あー」とか「ほーい」とか、ひどい子は「いいえ」と言ってきた。ある子どもは無気力、怠惰で「ヤダね」の連発、目が死んでいる。ある子どもは甘えん坊でベタっと私にしがみつき、こんにゃく状態。アドバルーンでまくりだ。一つ一つ言い直しをさせるが、当然テンポよく行かず隙が生じる。そこをついて、私語が始まり、徘徊、机に立ち上がる、棚によじ登る、黒板への落書き……。一部の子どもの乱れではなく、全体が乱れているので集団力が働かない。正しいことが正しいと認められる雰囲気はないのだ。ふざけているのが通常のようだ。

そんななかではあったが、とにかく二点を伝えた。「先生はみんなに会うのがとっても楽しみでした」「学校とはの趣意説明（勉強をして賢くなる所、友達と仲良く過ごす所）」である。しかし、ただ聞かせたという状態。

すぐにその後が入学式であった。二年生も参列した。私は、当然、二年生の子どもの席に張り付く。一年生に向かって「死ね死ね」「ちっちぇー、だせぇ」「ばかばか」と言う子らが三名。椅子に登る、ガタガタさせる子が三名、常時おしゃべりが三名。ひたすらそばにいてなだめるが、通じない。「シー」と指を立てても、「二？　三？」など、とぼける。止めない。私は、張り付いていたが手が回らず、ほかの先生もヘルプに来るが、沈静化するのはホンの数秒。私自身、これほど入学式を聞かないで、子どもをなだめたことはない。

式後の教室に戻ると、始業式と同じく乱れる。教務主任も教室に入り、脅すが効果は一瞬。教科書や学年便りを渡す。回し方も雑で、物を粗雑に扱っている。帰りの用意もダラダラ。きちんとしている女子数名が早く、あとは用意しようとしない。早い子に高い高いをしてあげた。すると「やって！」とやんちゃが来た。「帰りの用意が終わった子だけができます」と切り返した。駄々をこねるが、ニッコリと同じことを繰り返し伝えた。それで、若干、帰りの用意をする子が増えた。これが一日目のなかで唯一、手応えのあった瞬間であった。

「大変でしたね」「男の先生が担任で舞い上がっていた」「いやーひどかったね」と先生方に声掛けられる。これが学級崩壊なのだろうと心身ともに疲れた。

## 3 医療との連携〜家島厚ドクターへの相談

私が所属しているTOSS茨城では、教育と医療との連携をはかって、子どもたちに対応していこうと研修を始めていた。その連携の相手は、茨城県子ども医療福祉センターの家島厚ドクターである。そこに、相談した。すると、職場では聞くことのできない助言を、事例を通して話していただいた。

若い先生の事例。子どもたちに好かれようと冗談を言ったり話題のテレビの話をしたりする。言葉遣いも子どもと同じようにすることで関係を深めようとする。仲は良くなるように見えるが、教室には規律が無くなっていった。家島氏は言う。

> 「教育をするにしても友達じゃだめなんです。やはり、親も教師も親分になってくれないと躾はできません。」

そうなのだ。子どもにこびてばかりいると、躾ける、統率することはできない。

> 「医療の訓練士にしても、大好きな親分でなければだめです。その親分になるためにはストップ、ゴー、ストップ。まずきちっと止めて、次に運動させて、それからもう一回止める。」

動き出させる指示は、割と簡単だ。しかしそれを止める指示は難しい。最後の行動まで示す指示を出さなければならない。それも端的に、である。長くダラダラと話しても発達障害の子どもには入らない。ワーキングメモリーも少ないからだ。

**「非常に落ち着かない子には、視覚的な手がかりをもっと入れてあげる。あとどれだけ続くのかというスケジュール。今日はこんなことやるよとか、今は○○をやっているよと分かるだけでも、子どもは動きやすくなる。」**

聴覚情報だけでは落ち着かないということを知らなければならない。小黒板に書き出したり、予定表をクリアファイルに持たせるとよい。目で見て確認できるから安定するのだ。また、終わった物を片付けさせることも重要だ。目の前には今やるべき物だけを置かせる。「トレイ」を活用するとよい。やるときにはトレイから出して、終わったらトレイを片付ける。これで安定する。以上の工夫から、子どもは自分でやったと自覚できるようになる。これが達成感なのだ。

**「問題行動を解決するためにセルフエスティームを高めるのではなく、普段の日常的な行動や作業的なことといったほかのところで認めてあげる、あるいは褒めてあげることができる場面で高めてあげる。これが必要です。」**

一つ指導すれば一つ治るといった机上の計算通りに行くことはきわめて少ない。そう思っていても、その場面になると求めている自分がいることがある。子どもへの指導も総合力である。地道な言葉かけや励ましを重ねていくこと、すぐに結果を求めない持久力も必要である（もちろん、その問題行動の原因を探ることも重要）。

「やはり一番は、弱い子どもの心の支えになる大人——担任・スクールカウンセラー・養護の先生、そういった子どもが相談できる大人——を意識的につくることが必要です。」

自然に任せていても解決はしない。家島氏が言うように「意識的につくる」ということがなされなければならない。校内支援委員会等で事例を挙げ、全職員が共通理解し、その上で意図的にその子と関わっていくことが大切である。

「子どもの将来のことを、ちょっと考えてみてください。将来の夢を考えて、その子が何かこんなことをやってみたいという思いを拾うことがきっかけになります。」

その子の将来を一緒に考えてみる機会が必要なのである。「社会で働きたいのなら、読み書き算盤は必要だね」とか、「野球部に入りたいのなら、友達と協力するチームワークを学ぶことが大切だね」といったことである。保護者と子どもが話し合うこと、困難な場合は担任や相談センター員の第三者がいるとよい。

このような助言を聞いて、「明日からがんばっていけそう！」と希望の光が見えた。

## 4 アドバルーンとの闘い～黄金の三日間で変容

二日目、三日目も必死でアドバルーンに対処した。必死であった。一分一秒も見過ごせないという構えであった。

## すべて「TOSS実践の原則」「家島ドクターからの助言」で、対応を繰り返していった。

知的な授業など、申し訳ないが展開できなかった。しかし、数ミリずつではあるが子どもたちは、変容していった。

①趣意説明をして取り組ませ、できたら褒める。できなければやり直させる。ちょっとでもやろうとしたら、その行為を褒める。

②無くしたい行為を無視することも、崩壊状態では問題をさらに増やすことになる。変化のある対応で対処。全体の前、あるいはその子の前でにらむ、トントンと指を机に叩き気づかせる、隣の子を褒める、など。

③トラブルは、まず教師が謝る。「ごめんね。A君は、本当は叩こうと思っていなかったんだけど、つい叩いちゃったんだ」。その後、本人に謝らせる。あるいは一緒に謝る。両者の場合は喧嘩両成敗。ただし素直さがないので前述の「学校とは」の趣意説明も随時必要。

④騒がしい、出歩き、おしゃべりなども、その都度その都度、趣意説明に返る。「先生は始めの日に言いました。学校は何をする所？（勉強）そう、勉強をして賢くなる所です。今の○○ちゃんは、それをしていません。よいことですか？　悪いことですか？……」というふうに、趣意説明をする。

⑤失礼な行為は毅然とした態度で突っぱねる。「もういいや……」と心の折れる場面が多々ある。しかし、そこを奮起し、毅然と対処しなければならない。子どもはまだ分からないのだ。分からないなら教えなければならない。

⑥最低限やっている行為を認め、後は長いスパンで対処していく。椅子に座っていればよいとし、落ちている物

があれば教師が拾ってやり、教科書がめくれなければ教師がめくってやればよい。あれもこれも求めない。割り切る。

⑦休むときは休む。全校集会などの場面では休む。担当やほかの教師に指導していただく。甲本卓司氏がセミナーで言われていた。いつも面倒を見ているのだから、こんなときはほかの先生、お願いしますという感じだ。

⑧笑顔を絶やさない。心が折れてくると、ついつい笑顔の消える場面に陥る。

⑨TOSS教材が子どもを勉強させる。この子たちが静かに取り組んだのは「暗唱・直写スキル」であった。写すというシンプルな行為ときれいに書けるという事実がよい雰囲気を生み出した。熱中したのは「五色百人一首」。やんちゃしながら楽しんでいた。

⑩授業が勝負。授業をしながら、躾やルールを一つ一つ入れていく。

⑪一時一事。一つのことだけを一回に指示し、それだけを取り組ませる。一つだからできる。

⑫褒める。少しの変容をしっかりと褒める。「背筋が伸びていて素晴らしいね」「手のあげ方がきれいだね」「返事がきちんとできてえらいね」というちょっとしたことを、短く、それでいてしっかりと褒める。

このようなことを続けた。三日目の放課後には、前からいる先生方から次のような言葉をいただいた。

「どんな魔法をかけたのですか？　去年と全然違います」

「季節はずれの雪が降るよ。あの子達が掃除しているなんて」

「五時間目に席に着いているなんてビックリ」

「桑原マジックだね。テンポがよいから子どもたちがのせられている」

親からも感謝の電話と手紙をもらった。TOSSの実践・医療との連携がなければあり得なかった。

## 5 授業開始の工夫

日常の授業では、騒がしい、出歩き、おしゃべりなどが、一場面ごとに繰り返されていた。「教科書を出しなさい」ざわざわ→指導。「二五ページを開きます」ざわざわ→指導。「四角一(教科書の問題番号の一番のこと)に指を置きます」ざわざわ→指導。このような状況であった。

授業でのトラブルや友達とのトラブルなどの対応は「瞬時」を求められた。その都度、流すか詰めるかを判断し、詰めるときはその方法を選択した。とにかく手立てを多く持っておき、そのときに選択して対応していた。

**趣意説明型**

「先生は始めの日に言いました。学校は何をする所?(勉強)そう、勉強をして賢くなる所です。今の○○ちゃんは、それをしていません。よいことですか? 悪いことですか?……」というふうに、立法権を作用させる。

**格闘型**

「○○さんのしたことは、大変失礼だ。人として見逃すことはできない」。時には、その子と顔を突き合わせて(一センチメートルくらい)真剣に話す。泣き出しても「泣いても許すことはできません。それですまされると思っていたら大間違いです。○○さんに、きちんと謝りなさい」と詰める。

**褒め型**

「○○さんは偉いね。きちんと教科書を開けられる子は賢くなる。間違いない」というように、ふざけている子の隣のできている子を褒める。それであわてて教科書を開けようとしたら褒める。しかし、ふてぶてしい場合は、効果のないことも多い。その場合は次の一手に変化する。

**動かし型**
「○○さん、立ちます。教室をぐるっと一周歩いてきなさい」。今、ふざけている行為からの分断である。体を動かすとリセット作用も働くようだ。トイレはもちろん、水飲みもオーケーとした。
**休憩型**
「全員鉛筆を置きます。手を組んで、背伸び！　高くできるかな？」
**語り型**
「昔の先生で、とっても多くの人から尊敬されていた先生で、森信三という先生がいてね。返事をきちんとすると勉強ができるようになると言っています……」

このように、多様な対応で機会あるごとに一つ一つ教えていく積み重ねなしには、トラブルが減ることはない。トラブルが減り出すと、よい行為が反比例して増えていく。これは「褒める」チャンスである。よい行為をすると褒められる、だから繰り返すというサイクルを教えるのだ。

また、ＴＯＳＳ教材が子どもを勉強させるのに大変有効であった。この荒れた子たちが、初めて静かに机で取り組んだ教材は「暗唱・直写スキル」であった。写すというシンプルな行為ときれいに書けるという事実が、静かな雰囲気を生み出していた。写すことのみに集中できるから、ほかの子が気にならなくなるのだ。もちろんいきなりやらせても効果半減だったろう。

布石として、実践前に「トレーシングペーパーによる写し絵」をやらせていた。「今日の図工は、この特別な紙を使って絵を描きます。……お話をしている人にはあげません。……姿勢の悪い人にもあげません。……友達とおしゃべりしている人にもあげません。……みんなきちんとしたね。では、あげます」というふうにして実践したところ、喜んでやっていた。

この布石から、暗唱・直写スキル実践時も「写し紙は特別な紙なんだ」という情報がインプットされているから、丁寧に書こう、丁寧に切り離そうという意識が芽生えていた。トレーシングペーパー実践なしでは、粗雑に扱われていたに違いない。

お手本を写すという行為の大切さは向山氏も折に触れて言われている。子どもたちは、写し書きした作品を何回もニタニタして見ていた。できることはうれしさなのだと実感しているようだった。写し出された文字は、どの子も大変立派であった。その文字を見て、「○○さん、見てごらん。とっても上手に書けたね！　先生びっくりした」と褒めた。

算数の授業。単元は「くり下がりの引き算」。授業開始は、「百玉そろばん」である。休み時間に友達と口喧嘩していたA君。興奮していて落ち着かない様子。私は視線をチラッと送りながら、気にせず進めた。徐々に興奮もおさまってきたのか、小さい声でつぶやきはじめた。百玉そろばんを使った「隠し球」という場面（目をつぶってカチッと音がした数を聞いただけで当てる）では、そっと手を挙げた。それを逃さずに指名した。小さい声で「一八」と言う。私は「正解。すごいね！　よく聞いていたね」と褒めた。視線で網をかけておき、よい行為をしたタイミングで褒めるのだ。

展開の場面では、筆算を黒板に書かせた。解く手順を教えるから、パニックにならずに解き進めることができる。基本型を示し、解き方を繰り返し言わせる向山型算数指導。子どもたちは集中し、一時間取り組んだ。出歩きもなかった。二分前に「みんなよくできたね！　今日はここまで、終わりにします」と言うと、「えー！　もっとやりたい」とか「算数かんたーん」と声があがった。

この一年、大きな事件なく終えることができた。①教育と医療の連携の大切さ、②特別支援教育の研修、③基本的な教育技術の習得が必要であることを痛感した。どんな子もできるようにするという向山氏の言葉を支えに。

**ドクター（家島厚氏）のコメント**

クラスに多動のお子さんが三人いると、お互いが刺激し合い、多動でないお子さんまで巻き込むのでとても大変と聞いていた。一六名という少人数とはいえ、一二名が問題指摘されたクラスで、先生の指示がほとんど通らないクラスでの桑原先生の素晴らしい実践に驚いた。

近年、子どもたちが幼児化していると言われる。一～二歳は未熟と見て、対応するにはどうしたらいいか？ 先生との信頼関係ができた上でめりはりのある指示が必要で、できないことを責めるのではなく、できたことをきちんと認めて、褒めて、達成感を与え、自尊感情を高める。

桑原先生のやり方は、そのまま教科書になるような実践だと思う。桑原先生に認められ、褒めてもらった子どもたちが変わらないわけがないと思う。二～三歳のやんちゃなお子さんとやりとり関係をつくるとき、外来では運動遊びから始める。ヨーイドン遊びやキャッチボール遊びを親の前で実践してみせる。そのときのポイントと考えているのが、「はいどうぞ」「やったね」という、ゴー・ストップの言葉である。数分後には私の子分になって、視線の合い方、間の取り方も改善している。

# あとがき

今回の「医師と教師が発達障害の子どもたちを変化させた」第3巻では、教師と医師のコラボレーションが成熟してきたことが読み取れます。これはすなわち、これからの時代の先取りの姿勢が実ってきていることの表れでもあります。

今年度から障害者差別解消法が施行され、教育現場においても合理的配慮が求められるようになりました。合理的配慮を行うためには、教育と医療のコラボレーションが必要になり、医療現場でも準備が少しずつ行われるようになってきています。

学校現場での合理的配慮とは、児童・生徒の保護者から社会的障害の除去を必要とする旨が表明されたときに、除去を実施しなければならないことになります。そのためのヒントが、本書には実践的に、また理論的に沢山書かれています。

その宝の山から、自分の子どもや、自身が指導する児童・生徒に向き合うヒントを見つけ出しましょう。見つけ出すために少し勉強をしなければなりません。どう考えれば見つけやすいのか、実践的に説明してみましょう。

発達障害は認知（考えて行動する）パターンの障害です。これだけではよく分かりません。みな、自分が考えて行動していることは、特に深く考えながら行動しているわけではありませんし、人も自分と同じように考えて行動していると思い込んでいるのです。

認知パターンを考えていく前に、まず自分はどのように考えて行動しているのか考えてみることです。まず苦手なこと、うまくいってないことを考えてみましょう。

こだわりがあり、初めてのときは緊張する、人とのつきあいが苦手、空気が読めない、文字通りの理解、話した内容をすぐ忘れてしまう、など。これらは「自閉症スペクトラム」の症状です。

落ち着いて座っていることができない、人と会話をしていると相手の話に割り込む、苦手なことは後回しで期限ぎりぎり、予定を入れすぎて遅刻が多い、道に迷いがち、人から〝自己中〟と思われている、など。これらは「ＡＤＨＤ」の症状です。

本を読むのが遅い、書き順や文字の形をいい加減に覚えている、字が下手、計算、図形、文章題の理解に時間がかかる。これらは「学習障害」の症状です。

どなたでも多かれ少なかれ自分に当てはまることはありますね。自分のことを考えながら、もう一度、本書を読んでみましょう。一回目とは明らかに違った理解ができていきます。

ここに書かれている話を自分に当てはめ、自分の不得意部分、得意部分を振り返って客観的に自分を眺めていく、これが「メタ認知」です。こうすると子どもたちの立場になって、解決法を考えながら接することができるようになります。

このように本書と自分との会話を通して、これから始まる「障害者差別解消法」での「合理的配慮」を作り出していきましょう。

もちろん医療との連携は、新しい違った立場からのアドバイスとして大事にしましょう。

医療者も教育との連携を切に願っています。

子どもたちが幸せになるために。

宮尾益知

監修

**宮尾益知**（みやお ますとも）

発達障害に関する日本の第一人者のドクター。

東京都生まれ。徳島大学医学部卒業後、東京大学医学部小児科学教室、東京女子医科大学、ハーバード大学神経科研究員、自治医科大学小児科学教室助教授を経て、独立行政法人国立成育医療研究センターこころの診療部発達心理科前医長、現在どんぐり発達クリニック院長。専門は発達行動小児科学、小児精神神経学、神経生理学、特に発達障害の分野では日本の第一人者。主な著書に『アスペルガー症候群　子どもたちの特性を活かす！』（日東書院）、『発達障害の治療法がよくわかる本』（講談社）など多数。

企画

**向山洋一**（むこうやま よういち）

日本教育技術学会会長。TOSS代表。

東京都生まれ。東京学芸大学卒業後、東京都大田区立の小学校教師となり、2000年3月に退職。その後、全国の優れた教育技術を集め、教師の共有財産にするための「教育技術法則化運動」TOSS（Teacher's Organization of Skill Sharing：トス）を始める。現在、その代表を務め、日本の教育現場ならびに教育学界に多大な影響を与え続けている。執筆活動も活発で、『跳び箱は誰でも跳ばせられる』（明治図書出版）、『新版 授業の腕を上げる法則』（学芸みらい教育新書）をはじめ、著書は膨大な数にのぼる。

編集

**谷 和樹**（たに かずき）

玉川大学教職大学院教授。

北海道札幌市生まれ。神戸大学教育学部初等教育学科卒業。兵庫県の加東市立東条西小、滝野東小、滝野南小、米田小にて22年間勤務。その間、兵庫教育大学修士課程学校教育研究科にて教科領域教育を専攻し、修了。教育技術法則化運動に参加。TOSSの関西中央事務局を経て、現職。国語、社会科をはじめ各科目全般における生徒指導の手本として、教師の授業力育成に力を注いでいる。『子どもを社会科好きにする授業』『みるみる子どもが変化する「プロ教師が使いこなす指導技術」』（ともに学芸みらい社）など、著書多数。

GAKUGEI MIRAISHA

ドクターと教室《きょうしつ》をつなぐ医教連携《いきょうれんけい》の効果《こうか》　第《だい》3巻《かん》
発達障害《はったつしょうがい》の子《こ》どもたちを支《ささ》える医教連携《いきょうれんけい》の「チーム学校《がっこう》」
「症例別《しょうれいべつ》」実践指導《じっせんしどう》

2016年5月25日　初版発行

監　修　宮尾益知
企　画　向山洋一
編　集　谷 和樹
発行者　青木誠一郎
発行所　株式会社 学芸みらい社
〒162-0833 東京都新宿区箪笥町31 箪笥町SKビル3F
電話番号 03-5227-1266
http://www.gakugeimirai.jp/
E-mail : info@gakugeimirai.jp
印刷所・製本所　藤原印刷株式会社
ブックデザイン　荒木香樹

落丁・乱丁本は弊社宛お送りください。送料弊社負担でお取り替えいたします。

ISBN978-4-908637-16-2 C3037